# KUNST UND GESCHICHTE VON FLORENZ

MUSEEN - BILDERGALERIEN - KIRCHEN - PALÄSTE - DENKMÄLER

335 FARBIGE ILLUSTRATIONEN
MIT DEN RESTAURIERTEN KUNSTWERKEN

BONECHI

*Druck in Italien:* Centro Stampa Editoriale Bonechi.

**ISBN 978-88-476-0968-6**

*Übersetzung:* Studio Comunicare, Florenz

*Dieser Text wurde von der Redaktionsgruppe des Verlags verfaßt.*
*Der Teil über die Geschichte von Florenz wurde der* Enciclopedia della Toscana paese per paese *entnommen von Renato Stopani verfaßt.*

*Die Fotos stammen aus dem Archiv der Casa Editrice Bonechi und sind von:*
Gaetano Barone, Carlo Cantini, Paolo Giambone, Stefano Giusti, Italfotogieffe, Antonio Lelli, Andrea Pistolesi, Antonio Quattrone, Alessandro Saragosa, der Soprintendenza Archeologica per la Toscana und der Soprintendenza ai Monumenti di Firenze.

*Alle unsere Reiseführer werden regelmäßig überarbeitet. Das vorliegende Buch mit neuerstelltem fotografischen Material ist erst kürzlich erschienen, so daß sich die hier wiedergegebenen Kunstwerke auf neuestem Stand befinden. Wir möchten jedoch darauf hinweisen, daß die Paradiestür auf Seite 59 und 60 vor kurzem durch eine Kopie ersetzt wurde. In diesem Fall haben wir ein Foto des Originals veröffentlicht. Das Werk wird derzeit restauriert, und die in ihrer ursprünglichen Schönheit wiederhergestellten Reliefs sind jetzt im Museo dell'Opera del Duomo (Dommuseum) zu sehen, wo das komplette Meisterwerk Ghibertis seinen endgültigen Standart findet, um es vor den Witterungs- und Umweltschäden zu schützen, denen es bisher ausgesetzt war.*
*Auch andere Baudenkmäler, Paläste und Kirchen werden zur Zeit restauriert: in diesem Fällen haben wir in Erwartung, daß die Arbeiten abgeschlossen werden, Archivfotos verwendet.*

# GESCHICHTLICHE ÜBERSICHTSTABELLE

| | 8.-1.Jhv.v.Chr. | 1.-10.Jh. | 11.-12.Jh. | 13.Jh. |
|---|---|---|---|---|
| **GESCHICHTLICHES SOZIALES UND WIRTSCHAFTLICHES GESCHEHEN** | - Nach einer Besetzung in prähistorischer Zeit entsteht, vom 8.Jh.v. Chr. an eine etruskische Siedlung, um die Furt des Arno auf der Höhe des heutigen Ponte Vecchio zu kontrollieren. 59 v.Chr. wird die römische Kolonie *Florentia* gegründet.  | - Vom 4.Jh. an wird das Christentum verbreitet und es entstehen die ersten Kirchen. Nach dem Untergang des Reichs fallen zuerst die Ostgoten (405), dann die Byzantiner (539), die Goten (541) und die Langobarden (570) in das Gebiet ein. Unter den Karolingern entsteht das Feudalsystem und Florenz wird zu einer Grafschaft des Heiligen Römischen Reichs. | - Nachdem Florenz Kommune wird, beginnt es, sich mit den angrenzenden Kommunen zu bekämpfen, wie zum Beispiel Fiesole, das belagert und teilweise zerstört wird.  | - Der Einfluß der Kommune von Florenz nimmt zu, trotz der Auseinandersetzungen zwischen den Guelfen (den Papsttreuen) und den Gibellinen (den Anhängern der germanischen Herrscher). Das Entstehen einer wohlhabenden Bürgerschicht, die von den Guelfen unterstützt wird, führt zu einer Politik, deren Ziel es ist, die Vorherrschaft von Florenz über die nahen Kommunen der Toskana geltend zu machen. Durch die wirtschaftliche Entwicklung entsteht nun eine neue Klasse von Unternehmern, Kaufleuten und Bankiers, ohne Berücksichtigung des Adels, die nun die « großen Zünfte » bilden. Diese lenken in der zweiten Hälfte des Jahrhunderts die Geschicke der Kommune. Die Einwohnerschaft der Stadt nimmt merklich zu. |
| **URBANISTIK** | - Entlang der beiden Hauptstraßen der römischen Kolonie (Via Roma Via Calimala und Via Strozzi Via del Corso) befanden sich das Forum, das *Capitolium*, die Thermen, ein Theater, ein Amphitheater und Stadtmauern. Der Stadtkern, wenn auch sehr klein, entstand zum Zweck des Warenumschlags und der Kontrolle über die wichtigen Handelswege zwischen Norden und Süden und zwischen der Küste und dem Landesinneren; diese Wege gab es bereits zu voretruskischer Zeit. | - Nach der Errichtung zahlreicher römischer Bauten (die heute unter anderen Gebäuden liegen und kürzlich bei Ausgrabungen entdeckt wurden) brechen für die Stadt, einem wichtigen Handelsplatz, nach dem Untergang des Reiches schwierige Zeiten an und bereits unter der Herrschaft der Byzantiner reduzieren sich ihre Ausmaße. Unter den Karolingern jedoch erlebt sie einen neuen wirtschaftlichen Aufschwung. Die erste Kirche wird errichtet (S. Lorenzo); der Mauerring wird erweitert und es entstehen Vororte außerhalb der Stadttore. | - Der Mauerring wird erweitert und umfaßt nun auch das linke Flußufer. Das Baptisterium und die Kirche San Miniato al Monte entstehen. Durch die Stabilität der Kommune erfährt das Wirtschaftsleben einen Aufschwung und die Bevölkerungszahlen steigen.  | - Die Stadt besteht zu einem Großteil aus Turm-Häusern, die sich leicht gegen die Angriffe der Gegenpartei verteidigen lassen. Die Straßenführung wird zu jener Zeit ausgesprochen verschlungen. Es entstehen der Palazzo Vecchio, der Dom (im neuen gotischen Stil) und der Bargello-Palast  |
| **KUNST UND KULTUR** | - In Florenz selbst hat die Kultur der Etrusker keine Kunstschätze von besonderem Interesse hinterlassen. In der Umgebung erinnern wir an die Gräber von Sesto Fiorentino, den Tempel, die Stadtmauer von Fiesole, die Grabstelen von Pontassieve. Die kulturellen Aspekte dieses Gebiets entsprechen gänzlich der für die nördliche Toskana zur Zeit der Etrusker typischen Kultur. | - Das kulturelle und künstlerische Leben der römischen Stadt kommt in der Folge der Belagerungen zum Stillstand und beschränkt sich auf religiöse Kreise. Vom 8.Jh. an beginnt das Kultur-Geschehen erneut aufzuleben, dank der karolingischen Schulen. | - Der romanische Stil setzt sich durch; in Florenz kommt er in charakteristischer Weise in mehrfarbigen Marmorverkleidungen zum Ausdruck. Die Bildhauerkunst kommt nun auch, abgesehen von ihrer Verwendung in der Architektur, als eigenständige Kunstform zu ihrem Recht.  | - Die in Frankreich entstandene Gotik beginnt sich durchzusetzen. Bei den Bauwerken in Florenz findet sich aber nicht die ursprüngliche Leichtigkeit und aufwärtsstrebende Fromgebung; die Gebäude sind etwas plumper. Beispiele sind Santa Maria Novella und Santa Croce. Was die Malerei betrifft, so machen zwei große Meister in Florenz von sich reden: Cimabue und Giotto. |

| 14.Jh. | 15.Jh. | 16.-17. Jh. | 18.-19.-20. Jh. |
|---|---|---|---|
| - Die Herrschaft des Bürgerstands wird durch eine schwere Krise ins Wanken gebracht, die entstanden war, als die Könige von Neapel und England ihre Darlehen nicht zurückzahlen. Nach der Herrschaft des Herzogs von Athen probt die mittellose Schicht den Aufstand. Das Bürgertum, das seinen Machtanspruch behaupten konnte, beginnt, die unteren Schichten zu unterdrücken, die, unter der Leitung von Ciuto Brandini Unruhen verursachen; nach dem Aufstand der Wollkämmer gelingt es ihnen, die Prioren aus der Stadt zu jagen und drei neue Zünfte zu gründen, die für kurze Zeit an der Regierung der Stadt beteiligt sind. | - Die Schicht der wohlhabenden Bürger gelangt wieder an die Macht. Die einflußreichen Florentiner Familien (Pitti, Capponi, Alberti, Uzzano, Albizi und Medici) machen sich die Vorherrschaft streitig. Hierbei gehen die Medici 1433 mit Lorenzo dem Älteren als Sieger hervor. Sein Enkel Lorenzo sollte zu einer Schlüsselfigur in Politik und Kultur im Europa seiner Zeit werden. Piero de' Medici unterliegt später Karl VIII. Die wirtschaftliche Blütezeit setzt sich auch in diesem Jahrhundert fort. Das Volk jedoch zeigt im späten 15. Jh. ein neues Demokratie-Bedürfnis und verlangt nach religiösem Halt, was Girolamo Savonarola auf den Plan ruft. | - Die Medici gelangen wieder an die Macht, was von der Wahl Giovanni de' Medicis zum Papst noch unterstrichen wird. Die Anwesenheit Karls V. von Spanien in Italien löst eine Revolte aus; am Ende jedoch kehrt Alessandro de' Medici auf den Thron zurück. Unter Cosimo I. erfolgt die Aufteilung des Staates in Regionen. Die Stadt läß von Expansionsabsichten ab, und der blühende Handel des Großherzogtums basiert nun zum Großteil auf der Landwirtschaft.  | - Im 18. Jahrhundert werden die Geschicke des Großherzogtums von den Habsburgern und den Lothringern gelenkt. Aufgrund einiger Reformen Peter Leopolds erlebt die Wirtschaft einen neuerlichen Aufschwung. Nach der Herrschaft der Franzosen im 18. und 19. Jahrhundert, machen die Lothringer das Chiana-Tal und die Maremma urbar. Trotz liberaler Tendenzen wird ein Triumvirat gebildet, das sich mit der Genehmigung einer Verfassung beschäftigen soll. Nachdem die mittelalterlichen Zünfte abgeschaft worden waren und die Lothringer den kleinen Landbesitzern zu Ansehen verholfen hatten, wird von Seiten der Liberalen Druck ausgeübt, die nun, nachdem ihnen das Statut, die Pressefreiheit und die Bürgerwehr bewilligt war (1847), vom Großherzog eine Verfassung fordern, was dazu führt, daß dieser aus der Stadt vertrieben wird. Mit der Hilfe der Österreicher kehrt er in die Stadt zurück. 1859 jedoch wird er dazu gezwungen, die Stadt entgültig zu verlassen. Nach dem Anschluß an den Piemont wird Florenz 1865 Hauptstadt Italiens. |
| - Auf diese Zeit geht die Entstehung des Ponte Vecchio zurück, sowie auch der Bau eines Teils des Doms, des Campaniles von Giotto, des Palazzo Vecchio, Orsanmicheles und der Loggia del Bigallo. In der ersten Hälfte dieses Jahrhunderts wird die Stadt durch die Errichtung eines neuen, noch weiteren Mauerrings neu gegliedert, der auch weite Teile des linken Arnoufers umfasst. Hier sind noch einige Überreste sichtbar, während auf der rechten Seite nur die Stadttore die Umstrukturierungen des 19.Jh. überlebten. | - Die reichen florentiner Familien (Pitti, Medici) lassen zahreiche Paläste bauen; dazu kommen andere Baudenkmäler, die die Geometrie antiker Gebäude wiederaufnehmen. Brunelleschi schafft Gebäude von bestechender Einfachheit: Santo Spirito, San Lorenzo, die Kapelle der Pazzi und die Kuppel des Domus.  | - Die städtebaulichen Veränderungen des 16. Jahrhunderts sind bedingt durch die Kulturpolitik des Großherzogtums. Nach dem Bau der Bibliothek Laurenziana und der Neuen Sakristei von Michelangelo, entstehen die Uffizien, die Loggia del Pesce, die Boboli-Gärten, die Loggia des Neuen Markts, die Brücke Santa Trinita und zahlreiche private Paläste. Zwischen dem 16. und 17. Jahrhundert entstehen manieristische Bauwerke mit einem gewissen Hang zum eigenwilligen Detail. Im großen und ganzen geht die Bautätigkeit im 17. Jahrhundert zurück und konzentriert sich auf kleine Veränderungen und Umbauten bereits existenter Bauwerke. | - Was die Bautätigkeit im 18. Jahrhundert betrifft, so enstehen im Stadtzentrum zahlreiche Häuser für die weiniger wohlhabende Schicht und herrschaftliche Wohnviertel für die Oberschicht. Es entstehen die beiden Bahnhöfe, das Zentrum wird baulich verändert und die Stadtmauern werden eingerissen, um die Stadt zu reorganisieren (hierfür war Poggi verantwortlich).<br>Die Stadt erfährt eine industrielle und demographische Entwicklung, mit der sie selbst kaum schritthalten kann. Die Folgen und Nachteile dieser überraschenden Veränderungen sind noch heute spürbar (Aufteilung in Wohngebiete und Grünflächen, Straßennetz und wirtschaftliche Richtung).<br>Im 20. Jahrhundert wird der neue Bahnhof S. Maria Novella gebaut (G. Michelucci), es folgen die Zerstörungen der Arnobrücken im Krieg (nur der Ponte Vecchio belibt verschont). |
| - Im Bereich der Bildhauerei wird man auf das Werk Arnolfo di Cambios aufmerksam, der die heute zerstörte Fassade des Doms schuf. Man hört auch von Künstlern wie Tino di Camaino und Andrea und Nino Pisano. Giotto beeinflußt die Kunst der gesamten italienischen Halbinsel und setzt sich in Florenz für die Gründung einer Schule ein, die zu ihren Schülern auch Taddeo Gaddi, Maso di Banco und Bernardo Daddi zählt. Mitte des Jahrhunderts kommen Andrea Orcagna und Nardo di Cione zusammen mit vielen anderen Künsttiern zu Ruhm. Ihre Werke sind heute noch in den Kirchen der Stadt zu sehen. Dante, Boccaccio und Petrarca sind im Bereich der Literatur zu erwähnen. Der « Dolce Stil Nuovo » die später mit dem Adjektiv « göttlich » versehen wird, machen aus dem « Volgare » eine Sprache der Literatur höchsten Niveaus. | - In dieser Epoche, die später Renaissance gennannt werden sollte, kommt in Kulturkreisen de' Begriff der Rationalisierung der Kunst auf. Mit den klassischen Künsten als Basis werden Perspektive und Räumlichkeit einer minuziösen Analyse unterzogen, die in den Werken Donatellos, Masaccios, Botticellis, Ghibertis, Beato Angelicos, Michelozzis, Albertis, Della Robbias, Paolo Uccellos Pollaiolos, Lippis und Brunelleschis ihren Ausdruck findet. | - Die Künstler des 16. Jahrhunderts haben das Bedürfnis, aus den begrenzten Formen der frühen Renaissance auszubrechen. Sie identifizieren sich zunehmend mit der Figur des Menschen, der die Natur beherrscht, so wie es im Werk Leonardo da Vincis, Michelangelos, Raffaellos und A. del Sartos zum Ausdruck kommt. Neue Umstände führen später zu der Sensibilität des Manierismus. Dieser sollte, über die Kunstwerke Carraccis und Caravaggios zum Barock führen. Aus dieser Zeit stammen die Werke Cellinis, Vasaris, und Giambolognas. Macchiavelli ist im Bereich der Literatur tätig und es entstehen die Accademia della Crusca und del Cimento. | - Die Vorschriften der Akademie der Schönen Künste, die ihr die politischen Umstände auferlegten, beeinflussen die Arbeit der Bildhauer Duprè und Bartolini. Ganz anders sind die Werke Cecionis, die sich an der neuen Spontaneität der « Macchiaioli » inspirieren. Diese wehrten sich gegen die verbreitete « Akademie-Gläubigkeit », die von Ussi und Benvenuti vertreten wurde und stellen mit einer eindrucksvollen Tupfentechnik Gemälde her, die häufig das tägliche Leben zum Thema haben, was bisher in der Kunst nicht behandelt wurde. Abgesehen von Fattori möchten wir an Signorini, Costa und Lega erinnern. Im 20. Jahrhundert sind in Florenz Rosai und Conti tätig. Die Kunstwerke und Baudenkmäler der Stadt wedwn während des Hochwassers vom 5. November 1966 stark bescädigt, einige sogar ganz zerstört. |

# VON DEN ANFÄNGEN BIS ZUM 13. JAHRHUNDERT

Auf Grund der jüngsten Funde bei den Ausgrabungen in Piazza della Signoria haben wit den Beweis, daß das Gebiet, wo heute die Stadt Florenz steht, schon zu prähistorischer Zeit bewohnt war. Weitere Spuren weisen auf Siedlungen in der Eisenzeit und zur Zeit der Etrusker hin. Die eigentliche Gründung der Stadt erfolgte jedoch zur Zeit der Römer, wie in erster Linie die Eigenart des Straßennetzes im ältesten Stadtkern bezeugt. Hier ist der rechtwinklige Verlauf beibehalten, der den Straßen der ältesten Niederlassung zueigen war. Es ist inzwischen sicher, was die ältesten Chroniken, wenn auch in etwas märchenhafter Form, uns über die Ursprünge der Stadt überliefert haben, und zwar ihre Gründung als Kolonie zur Zeit Cäsars. Im Jahr 59 v. Chr., im Frühling während der *ludi florales* (daher wahrscheinlich der Name *Florentia*), begannen wohl die Bauarbeiten für die Grundmauern des *Castrum* und die Aufteilung in Zenturien des Ackergebiets der Kolonie, die sich nach der Achse der nach dem römischen Konsul Cassia benannten Straße ausrichtete. Diese Straße ging am nördlichen Rand der Florentiner Mulde entlang. Aus Verteidigungsgründen wurde die Stadt an zwei Wasserläufen angelegt (wo der Mugnone in den Arno mündet), wo schon ältere Volksstämme ansässig gewesen waren.

Mit seinem rechtwinkligen Grundriß und den 1.800 m langen Mauern war die Siedlung allen anderen römischen Niederlassungen durch den geradlinigen Verlauf der Straßen, die sich im rechten Winkel kreuzen, ähnlich. Bei den vier mit Türmen bewehrten Stadttoren mündeten die beiden Hauptstraßen, der *decumanus maximus* (jetzt Via del Corso, Speziali und Strozzi) und der *cardo maximus* (auf der Achse Piazza San Giovanni, Via Roma und Via Calimala). Der Kreuzpunkt lag auf einem Platz im Zentrum, das *forum urbis* (heute Piazza della Repubblica), wo später dann die Kurie und der der kapitolinischen Triade (Jupiter, Juno und Minerva) geweihte Tempel entstand. Die Topographie der Stadt entsprach nicht der Orientierung der ländlichen Zenturien, die wie schon erwähnt der Achse der Via Cassia folgten. Das Castrum war nach den Himmelsrichtungen ausgerichtet und entsprach somit den klassischen Regeln.

Als dem alten Stadtzentrum «ein neues Leben zurückgegeben werden sollte», traf man auf zahlreiche archäologische Funde, dank derer die Lage und die «Überreste einiger wichtiger öffentlicher Gebäude ausfindig gemacht werden konnte», so die kapitolinischen Thermen und die Thermen von Capaccio (der Name ist auf die vom Monte Morello kommende Wasserleitung zurückzuführen: «Caput aquae» - Capaccio), die Kanalisation, das Straßenpflaster, der Tempel der Isis (in Piazza San Firenze), und andere kleinere Tempel, das Theater (heute stehen an seiner Stelle die Rückseite von Palazzo Vecchio und Palazzo Gondi), und das Amphitheater, dessen Außenmauer noch heute aus dem kurvenförmigen Verlauf einiger Straßen sichtbar ist: Via Torta, Via Bentaccordi, Piazza Peruzzi. Einige dieser Gebäude lagen außerhalb der Stadtmauern (z.B. das Theater und das Amphitheater), was von einer Erweiterung der ursprünglichen Niederlassung zeugt, die wahrscheinlich schon im I. Jahrhundert v. Chr. begonnen hatte. Auch der Arno floß außerhalb der Mauern (die Stadt lag auf der rechten Seite), und der Flußhafen war eine wichtige Infrastruktur für die Stadt, denn der Fluß war zur Zeit der Römer von der Mündung bis zum Zusammenfluß mit dem Affrico oberhalb von Florenz schiffbar.

Die Lage der Stadt, welche dort gegründet worden war, wo der Arno etwas leichter überquert werden konnte, war typisch für an Furten erbauten Zentren. Damals wurde wahrscheinlich auch, ungefähr 50 v. Chr., eine Brücke erbaut, die erste in der Florentiner Geschichte, nahe dem jetzigen *Ponte Vecchio*, etwas flußaufwärts. Bei der römischen Landaufteilung gehörte *Florentia* zu einem Bezirk, der ein Gleichgewicht zwischen städtischer und verkehrstechnischer Funktion darstellte. Es wurde über die Arnobrücke ein Kontakt zwischen den Hügeln südlich des Flusses und den Übergängen über den Apennin im Norden hergestellt. Die günstige Lage und die wichtige Rolle im Bereich der Organisation der Region sind eine Erklärung für die rasche Entwicklung, die bald dazu führte, daß Arezzo seine Stelle als wichtigstes Zentrum des nördlichen Etruriens verlor. Florenz wurde zum Sitz eines der *correctores Italiae* ausgewählt. Der wirtschaftliche Erfolg war ein Antrieb für die junge Kolonie, die Handels- und Tauschgeschäfte blühten, auch weil *Florentia* der Kreuzpunkt wichtiger Verbindungswege (über Land und zu Wasser) geworden war. So ist auch die Präsenz orientalischer Kaufleute zu erklären, die wahrscheinlich von Pisa gekommen waren, und welche als erste den Kult der Isis und später (II. Jahrhdt.) das Christentum mit sich gebracht hatten.

Die ersten Zeugnisse der christlichen Religion sind mit dem Kult des Diakons Lorenzo und der Palästinenser Heiligen Felicita verbunden. Beide hatten in der Vorstadt das Licht erblickt, in den Niederlassungen außerhalb der Stadtmauern, die längs der konsolarischen Straßen entstanden waren. Hier wurden die ältesten Florentiner Kirchen erbaut: *San Lorenzo*, geweiht im Jahr 393, und erster Bischofssitz, und *Santa Felicita*, deren älteste Strukturen auf das IV. - V. Jahrhdt. zurückgehen. Orientalischer Herkunft ist der Legende nach auch der Heilige Miniato, der ein Mitglied der ersten christlichen Gemeinden war, und der während der Verfolgungen, die Decius befohlen hatte, zusammen mit acht Glaubensbrüdern im Jahr 250 zu Tode gefoltert worden war. Es scheint aber, als hätten die Florentiner Christen vor Ende des III. Jahrhunderts keinen Bischof gehabt. Der erste, von dem eine sichere Überlieferung besteht, ist San Felice, der 313 an einer römischen Synode teilgennomen hat. Es ist auch interessant zu beobachten, daß auch später die Verbindungen mit dem Orient nicht abbrachen. Der berühmteste unter den ersten Florentiner Bischöfen ist San Zanobi, der Anfang des V. Jahrhunderts lebte.

# DIE ZEIT DER BYZANTINER, DER LONGOBARDEN UND DER KAROLINGER

Durch den Einfall barbarischer Völker verlor *Florentia* an Bedeutung. 405 gelang es der Stadt, trotz schwerer Zerstörung, die Horden des Ragadais, der von Stilicho besiegt wurde, aufzuhalten, aber später konnte sie sich doch nicht aus dem verheerenden gotisch-byzantinischen Krieg heraushalten. Die strategisch wichtige Lage, Brückenkopf am Arno und Verkehrsknotenpunkt zwischen Rom und der Poebene erktlären, weshalb Goten und Byzantiner so erbittert um die Stadt kämpften. Letzterere bauten zwischen 541 und 544 innerhalb der alten römischen Stadt eine engere Mauer. Es gelang aber trotzdem nicht, den Goten Totila um 552 zurückzuschlagen. Der neue Mauerring war zum Teil durch Einbeziehung einiger großer römischer Gebäude, des Kapitols, des Wasserbeckens für die Thermen, des Theaters, errichtet worden. Zwei Zwillingstürme, deren Grundsteine kürzlich hinter den Resten der Seitenapsis von Santa Reparata entdeckt worden waren, schlossen im Nord-Osten die Befestigungsanlagen des kleinen «byzantinischen» Mauerrings ab. Trapezförmig und äußerst bescheiden in den Ausmaßen, ist er eine Aussage über den Rückgang der Stadt, die mit wahrscheinlich weniger als 1000 Einwohnern entvölkert und sozusagen auf *«castrum»* zurückgegangen war.
Inzwischen wird in den ersten Jahrzehnten des VI. Jahrhunderts, vielleicht auch etwas früher, zur spätromanischen Zeit die Kirche **Santa Reparata** errichtet. Der Überlieferung nach, die auch Villani wieder aufnimmt, hätten die Florentiner diese Kirche im Jahr 405 erbaut, um den Sieg der kaiserlichen Truppen des Generals Stilicho über die Ostgoten von Radagais zu feiern. Die Kirche hatte, wie man dank der Ausgrabungen feststellen konnte, einen basilikalen Grundriß mit drei Längsschiffen, die durch durchgehende Säulenreihen aufgeteilt waren und von einer einzigen Apsis abgeschlossen wurden. Der Fußboden, der nur noch teilweise erhalten ist, war in große rechteckige Flächen aufgeteilt, mit Mosaikdekorationen, die aus geometrisch verflochtenen Mustern bestanden. In der Mitte ein Viereck mit einem Pfau, Symbol der Unsterblichkeit, mit dem Namen eines der Stifter «OBSEQUENTIUS FECIT PED. XXX».
Weitere religiöse Gebäude kamen während der byzantinischen Herrschaft (553-570) zu denen der römischen Zeit hinzu: *Santa Maria Odigitria*, später *Santa Maria in Campidoglio* genannt, weil sie auf den Mauern der kapitolinischen Triade erbaut worden war. San *Ruffillo und Sant'Apollinare*. Zu Ende des VI. Jahrhunderts, als die Langobarden Nord- und Mittelitalien eroberten, fiel auch Florenz unter ihre Herrschaft. So begann für die Stadt die dunkelste Zeit ihrer Geschichte. Sie wurde von den großen Verbindungswegen ausgeschlossen und verlor dadurch ihre Bedeutung. Die Langobarden benutzten für ihre Nord-Süd Verbindung nicht die in der Mitte liegende Straße Bologna-Pistoia-Florenz, weil diese den byzantinischen Überfällen zu sehr ausgesetzt war. Die Byzantiner hatten in der Romagna noch einen festen Standpunkt, und so wurde der mehr westlich über den Apennin durchgehende Weg bevorzugt, der über den Cisapass nach Pavia und Mailand führt, auf der Linie Sarzana-Piacenza. Diese Straße, die später *romea* oder *francigena* genannt wird, wird zur wichtigsten kontinentalen Verkehrsader des Mittelalters, die Italien mit der Welt jenseits der Alpen verbindet. Aus demselben Grund wählten die Langobarden Lucca als Hauptstadt des Herzogtums Toscana, denn es lag schon an der für den Inlandsverkehr benutzten Straße.

Ein Teil der römischen Färberei, die die archäologischen Ausgrabungen auf der Piazza della Signoria zu Tage brachten.

Trotzdem aber wurden während der langobardischen Herrschaft, und vor allem nach der Bekehrung der Königin Theodolinde zur römischen Kirche einige religiöse Gebäude in der Stadt gegründet: *San Salvatore* (Lage unbekannt), *San Giorgio, Sant'Andrea in Foro Vetere, San Pietro in Ciel d'Oro* (so genannt, weil wahrscheinlich die Apsis mit goldenen Mosaiken ausgeschmückt war), *San Miniato tra le Torri, San Pier Maggiore und Santa Maria de Ferlaupe*, von der noch einige Strukturen unterhalb des Fußbodens der Kirche *San Piero Scheraggio* erhalten sind, die heute der Bau der *Uffizien* verschluckt hat. Eine nie widerlegte Legende, die auch von den ältesten Florentiner Chroniken überliefert wird, führt auch den Bau des Baptisteriums "*San Giovanni*" auf die Bekehrung der Königin Theodolinde zurück, natürlich im Bau und Ausmaß nicht so, wie wir es heute sehen. Wahrscheinlich war die ursprüngliche Florentiner Taufkirche viel kleiner als der gegenwärtige Bau, ein kleiner achteckiger Tempel, dessen Grundriß im Keller des "bel San Giovanni" erkennbar ist.
Einige Anzeichen scheinen auf einen gewissen Aufschwung der Stadt zur Zeit der Karolinger hinzuweisen. 854 zum Beispiel schloß Kaiser Lothar I. Florenz und Fiesole in einer einzigen Grafschaft zusammen. Der Graf von Florenz, der diesen Titel vom Markgrafen Tusziens übernahm, übte somit über ein weites Gebiet die Rechtsprechung aus, das das Land zweier Bistümer umfaßte. Wenn auch später die beiden ursprünglichen Grafschaften wiederhergestellt werden, so bestand seitens Florenz doch eine eindeutige Tendenz, den Bezirk seiner Gerichtsbarkeit auf Kosten des benachbarten Fiesole auszudehnen. In der Tat verliert es, als Bistum, die im Westen liegenden Bezirke, die dem florentinischen Bistum zugewiesen werden. Im IX. Jahrhdt. wird in der Stadt auch eine öffentliche kirchliche Schule gegründet, auch die Brücke über den Arno wird wieder instandgesetzt, di während des gotisch-byzantinischen Kriegs zerstört worden war. Außerdem wird zwischen dem IX. und X. Jahrhundert eine neue Stadtmauer angelegt, deren Bau wahrscheinlich aus Angst vor einer ungarischen Invasion in Angriff genommen wurde. Diese neue, dritte Befestigungsmauer folgt zum Teil den ursprünglichen römischen Mauern; im Süden erweitert sie sich aber und schließt die Viertel, die sich am Arno entwickelt haben, ein (das besagt, daß die Stadt sich vergrößert hat). Im Norden wird aus politischen Gründen das *Baptisterium, Santa Reparata, der Bischofspalast*, und das danebenliegende "*Palatium regis*", wo der Vertreter des Kaisers "*Gerichtshof*" abhielt, ausgeschlossen.
Gegen Ende des X. Jahrhunderts, im Jahr 978, gründete die Gräfin Willa, Witwe des Markgrafen der Toskana Uberto, und Eigentümerin eines ganzen Stadtteils, innerhalb der Mauern eine Benediktinerabtei, die der *Santa Maria Assunta in cielo* gewidmet war, und ließ sie zum Gedenken an ihren Ehemann reich ausschmücken. Der Klosterkomplex wird später einfach **Badia fiorentina** genannt, weil er das hauptsächliche städtische Kloster bleibt. Der Sohn der Gräfin Willa, Hugo, trug entscheidend zur Entwicklung von Florenz bei, indem er Lucca verließ und die Stadt am Arno zu seinem Wohnsitz erwählte, und somit ihre Bedeutung als Verwaltungszentrum vergrößerte. Ein weiteres Zeichen des Aufschwungs ist der Wiederaufbau der Kirche und des Klosters von **San Miniato al Monte**.

Einige Überreste der Kirche S. Piero Scheraggio in der Via della Ninna.

# DAS HOCHMITTELALTER

Etwa um die Hälfte des XI. Jahrhunderts hat die Bedeutung von Florenz in der Toscana sehr zugenommen, einesteils weil Lucca endgültig nicht mehr Sitz des Markgrafen ist, andernteils weil die Stadt aktiv an den Reformbewegungen der Kirche beteiligt ist. Der Kampf, der die weltlichen Einmischungen in kirchliche Dinge beseitigen und die Unabhängigkeit des Papstes von der kaiserlichen Macht durchsetzen sollte, hatte einen seiner Hauptvertreter in San Giovanni Gualberto, Sohn eines Florentiner Ritters und Gründer des Mönchsordens von Vallombrosa. 1055 wird in Florenz sogar ein Konzil abgehalten, dem Papst Viktor II. vorsitzt, unter Beisein des Kaisers Heinrich III. und der Teilnahme von 120 Bischöfen. Wahrscheinlich hatte das Konzil den Anstoß für die Erweiterung und den teilweisen Wiederaufbau der Kathedrale von Santa Reparata gegeben, die im frühen Mittelalter schon ausaut worden war, und im XI. Jahrhundert renoviert wurde. Wie die jüngsten Ausgrabungen zeigen, hatte die Kirche in ihrer romanischen Aufgliederung eine typisch lombardische Schwere, so in der Aufeinanderfolge der viereckigen Säulen, die den Innenraum in drei große Schiffe aufteilten. Unter dem erhobenen Chor befand sich eine große Krypta; eine große zentrale Apsis, und zwei danebenliegende kleinere Chöre schlossen die drei Schiffe ab, seitlich zwei von Chören abgeschlossene Nebenarme.

Auch andere alte Gebäude werden in der zweiten Hälfte des XI. Jahrhunderts umgebaut, *das Baptisterium, Santa Felicita, San Lorenzo, San Pier Maggiore, San Remigio* und *Santi Apostoli*. Am 6. November 1059 weiht Bischof Gerhard, der mit dem Namen Nikolaus II. Papst geworden ist, das alte Baptisterium der Stadt, das viel großzügiger wiederaufgebaut ist, und dem heutigen wohl entspricht. Das Gebäude mit seinem achteckigen Grundriß, halbrunder Apsis auf einer Seite, und drei Zugangstüren, hat eine aus acht spitzen Dreiecken geformte Kuppel. Auf der Außenseite fehlt die wertvolle Marmorverkleidung noch, im Innern aber bestand das Gebälk, das die Flächen des Polygons nachzeichnet, wahrscheinlich schon bis zur Höhe des ersten Geschosses. So kamen die beiden Porphyrsäulen, die die Pisaner den Florentinern aus Dank für die Hilfe bei dem Unternehmen der Balearen geschenkt hatten, im Jahr 1117 zu spät an.

Nach dem Tod der Markgräfin Beatrice und ihres Gemahls (Gottfried des Bärtigen) wurde Mathilde zur einzigen Markgräfin der Toscana. Sie hatte schon immer die Ideen der Reform und die Unternehmen von San Giovanni Gualberto unterstützt, und während der Investiturkämpfe war sie auf der Seite des einflußreichsten Reformators, Hildebrand von Sovana, später Papst Gregor VII., und trat somit einflußreichsten Reformators, Hildebrand von Sovana, später Papst Gregor VII., und trat somit eindeutig in Kontrast mit Kaiser Heinrich IV. Nach Canossa und dem Sieg Heinrichs IV. im Jahr 1081 wurde die Markgräfin amtlich abgesetzt und von allen toskanischen Städten, außer Florenz, verlassen. Wegen dieser der abgesetzten Markgräfin bezeugten Treue wurde die Stadt im Juli 1082 vom Kaiser belagert (das erste Mal, daß die florentinische Gemeinde zu den Waffen griff), es gelang ihm aber nicht, sie einzunehmen.

Mathildes besondere Gunst für Florenz und die Folgen des Bruchs mit dem Kaiser gaben den Anstoß dazu, im Jahr 1078 die Stadt mit besseren Verteidigungsanlagen zu versehen. Es wurden neue Mauern gebaut, welche Dante später, "den alten Ring" benennen würde. Dieser vierte Mauerring verfolgt zum großen Teil den aus der Karolinger Zeit, im Norden jedoch schließt er *das Baptisterium*, die Kathedrale *Santa Reparata* und die Residenz der Markgräfin ein. Die Spur der Mauern aus dem XI. Jahrhundert ist im Grundriß des heutigen Stadtzentrums noch leicht erkennbar: vom "*Castello d'Altafronte*" (heute *Palazzo de' Giudici*) am Arno, folgten die Mauern der Linie Via dei Castellani, Via dei Leoni, Piazza San Firenze und Via del Proconsolo, um dann gen Westen in Richtung des heutigen Domplatzes abzubiegen, dann weiter Via Cerretani, Via Rondinelli und Via Tornabuoni, bis zur Kirche *Santa Trinità*, auf deren Höhe sie erneut abbogen, um parallel zum Arno weiterzulaufen, entlang der Linie Borgo Santi Apostoli - Via Lambertesca, bis zurück zum *Castello d'Altafronte*. Der Lauf des Mugnone wird nach Süden verlegt, und dient so auf der Westseite als Mauergraben. Der Bach mündete auf diese Weise in den Arno, ungefähr wo heute die Brücke Santa Trinità steht.

So wie in allen alten Städten des hohen Mittelalters, fand man auch im Florenz des XI. Jahrhdts. teils die Strukturen aus der Antike, und eine willkürliche Aufteilung des Stadtgefüges, je nach den Bedürfnissen. Es gab keine größeren öffentlichen Freiräume, wenn man die Märkte ausnimmt. Der größte entsprach dem ehemaligen "Forum", Plätze deren Existenz belegt ist, entsprachen den wichtigsten Kirchen, aber es waren nur einfache Erweiterungen. Im großen und ganzen bestand die Stadt aus Holzhäusern; ein paar Turmhäuser aus Stein, auf den Grundmauern römischer Gebäude erbaut, erhoben sich über den ärmlichen Gebäuden. Nur die religiösen Gebäude hoben sich ab: außer dem Baptisterium, Santa Reparata und den anderen alten Kirchen, lagen viele auch außerhalb der Stadtmauer, längs der Landstraßen, die zu den Stadttoren führten, so *San Pier Maggiore, Santo Stefano al Ponte, Sant'Apollinare, Santa Maria Novella, San Felice*, die Kirche des *Santo Sepolcro*, usw.

In einigen der erwähnten religiösen Gebäude, die im Lauf des XI. Jahrhunderts renoviert wurden, treffen wir auf die ersten Anzeichen des florentinisch romanischen Stils, der sich durch eine besondere Anlehnung an die Antike auszeichnet. Argan gibt eine besondere suggestive Erklärung für den florentinischen Klassizismus ab, "die in der theoretischen Einstellung des intensiv religiös orientierten Lebens der Stadt" zu finden sei, in deren kulturellem Nährboden des XI. Jahrhunderts sich die These benediktinischen Ursprungs behauptet, nach der jede logische Beweisführung über die "Wahrheit" überflüssig wird, denn "die Wahrheit ist als solche rational und ihr Nachweis liegt in der Klarheit der Aussage, der Form". Dies sind die Voraussetzungen für das Entstehen einer künstlerischen Konzeption, derzufolge in der Architektur eindeutige geometrische Formen ein unmittelbarer Ausdruck dieser Rationalität sind. Das Gebäude, bei dem zuallerest die geometrischen Formen und die Abgrenzung der räumlichen Werte an erster Stelle standen, ist *das Baptisterium*. Seine Bedeutung für die darstellende Kunst in Florenz ist enorm, denn San Giovanni kann als paradigmatisches Vorbild für die ganze Florentiner Architektur angesehen werden, mit einem der Klassik entnommenen Raumbegriff, wobei die Form wichtiger ist als die Mächtigkeit.

## DIE ZEIT DER KOMMUNE

Als die Gräfin Mathilde 1115 starb, stellte das Volk von Florenz schon eine Kommune dar. Die zahlreichen Privilegien, die die "große Gräfin" verliehen hatte, und die Geschehnisse, bei denen das florentinische Volk im Kampf gegen den Kaiser eine wichtige Rolle gespielt hatte, veranlaßten die Bevölkerung dazu, sich selbständig zu organisieren und Aktionen zur Schwächung der kaiserlichen Macht zu unternehmen. Es ist also kein Zufall, wenn nach dem Tod Heinrichs V., des letzten Kaisers aus der Salischen Dynastie, die Florentiner 1125 Fiesole, die benachbarte Rivalin, überfallen und zerstören, und so die beiden Grafschaften endgültig vereinigen. Nur auf kirchlicher Ebene bleibt mit der Aufrechterhaltung des Bischofssitzes von Fiesole eine Trennung bestehen. Fiesole hörte auf, Stadt zu sein und mußte, genauso wie die umliegenden Dörfer, die florentinische Vorherrschaft anerkennen, und für die Festlichkeiten von Johannes dem Täufer im *Baptisterium* das symbolische Opfer der Kerzen darbringen.
Die erste Nachricht von einer offiziell bestehenden Gemeinde geht jedoch auf 1138 zurück. Zwei Florentiner Konsuln, Brocardus und Selvorus sind als Vertreter der Stadt genannt, als in San Genesio (auf der Straße nach *Pisa*, wo sie sich mit der Straße der *Franken* kreuzt) eine Versammlung der toskanischen Städte abgehalten wurde, die ein Bündnis wollten, denn sie befürchteten "Heinrich der Stolze", der sie als kaiserlicher Legat unterdrückt hatte, könnte zum Kaiser gewählt werden.
Ab Mitte des XII. Jahrhunderts werden die Nachrichten über die politische Reglung der Gemeinde präziser. Wir wissen, daß sie von einem Kollegium von zwölf Konsuln geleitet wurde, von denen jeweils zwei sich alle zwei Monate ablösten, gleichzeitig ein Rat von *boni homines*, der aus 100-150 Personen zusammengesetzt war; die Basis bildete die Volksversammlung oder das Parlament, das vier Mal im Jahr in *Santa Reparata* zusammentrat.
Die soziale Struktur der Stadt zeigt uns, wie aus den alten Texten hervorgeht, eine Gemeinschaft von der Kirche Angehöriger und Laien, mit drei herrschenden sozialen Gruppen: die Adligen, in Sippschaften zusammengeschlossen (die sogenannten Turmgesellschaften), die Kaufleute und die Krieger zu Pferd. Letztere waren ein militärischer Bund, hauptsächlicher Bestandteil des Heers, der aus all denen, Adlige oder auch nicht, bestand, die in der Lage waren, sich selbst zu bewaffnen und mit ihrem Pferd in den Dienst der kommunalen Truppen zu treten. Zu den Adligen gehörten die alten Feudalfamilien, die schon seit jeher in der Stadt wohnten, wie die Uberti und die Adimari, außerdem die Lehensherren vom Land, die nach ihrer Besiegung gezwungen worden waren, sich innerhalb der Mauern niederzulassen, z.B. die Buondelmonti und die Ubaldini. Die Macht war im XII. Jahrhundert vor allem in den Händen der Adligen, aber den Kaufleuten ist es zuzuschreiben, daß die Stadt sich vergrößerte. Die Bedeutung der Kaufleute nahm in der zweiten Hälfte des Jahrhunderts noch zu, denn der Handel mit entfernten Ländern wurde immer intensiver, und es wuchs die Möglichkeit, großes Kapital anzuhäufen. Der weitverbreitete Handel und das damit verbundene Kreditwesen wurden zur Grundlage der zunehmenden Macht der Gemeinde, und Ausgangspunkt für das wirtschaftliche und demographische Wachstum der Stadt.
Für die kommerzielle Tätigkeit war es wichtig, daß die ein- oder ausgehende Ware frei zirkulieren konnte, und so mußte die Gemeinde die Zufahrtsstraßen vor den Wegelagerern der habgierigen Lehensherren schützen, und vor der Macht der benachbarten Gemeinden. So wurde das ganze XII. Jahrhundert ein Großteil der Kräfte der Gemeinde darauf verwendet, die Feudalherren (vor allem die mit der Sippschaft der Guidi und der Alberti verbündeten Familien), und die rivalisierenden Gemeinden zu bekämpfen. Die Etappen der fortschreitenden Ausdehnung der Kontrolle der Florentiner über das umliegende Land sind von der Bezwingung der feudalen Festen gezeichnet, welche in beinahe konzentrischen Kreisen um die Stadt lagen: 1107 fällt die Festung Monte Orlando bei Gangalandi, die den Cadolingi angehört, 1110 wird die Burg, die die Grafen Alberti in der Nähe von Cerbaia im Pesatal besaßen, dem Erdboden gleichgemacht, 1113 wird eine weitere Feste der Cadolingi in Monte Cascioli bei Castelpulci bezwungen, 1135 wird Montebuoni zerstört, das Hauptquartier der Buondelmonti, im selben Jahr fällt Montegufoni im Pesatal, den Ormanni angehörend. 1142 wird die Burg Quona bei Pontassieve zerstört, die den Grafen Guidi angehört, 1154 wird diesen auch die Burg Monte Croce bei Fiesole weggenommen, 1176 bezwingt man die Festung Montegrossoli im Chianti, der Firidolfi, und Burg Pogne im Elsatal der Grafen Alberti, 1184 endlich die Festung Mangona bei Barberino di Mugello, eine der mächtigsten Hochburgen, auch diese der Familie Alberti.
Der Ausdehnungsprozeß wurde unterbrochen, als Barbarossa nach Italien gezogen kam. 1185 nahm der Kaiser der Stadt ihre ganze ländliche Umgebung wieder ab, setzte die Markgrafschaft Toscana wieder ein und setzte seinen jüngsten Sohn Philip an ihre Spitze. Diese Maßnahme war aber von kurzer Dauer. Als 1197 der Nachfolger des Barbarossa, Heinrich VI. starb, benutzte Florenz den günstigen Moment und eroberte seine Umgebung zurück. Wahrscheinlich hatte sie sie nie ganz eingebüßt gehabt. Mit ausgehendem XII. Jahrhundert und zu Anfang des XIII. Jahrhunderts kann Florenz nach einer weiteren Reihe erfolgreicher militärischer Unternehmen einem Großteil der Landbevölkerung den Treueschwur aufzwingen «zuvor gehörten sie zur Herrschaft der Guidi, der Mangona, Capraia und Certaldo» (G. Villani, *Chronik V, 21*). Die Feudalherren haben so ihre Autorität und Macht verloren, und müssen sich auf die äußersten Gebiete der Gemeinde zurückziehen, und auch dort werden sie später bekämpft und besiegt und müssen ihren Sitz aufgeben.
Auch die Rivalität mit den benachbarten Gemeinden gab den Anlaß zu wiederholten Auseinandersetzungen, meistens handelte es sich um Festlegung der Grenzen der jeweiligen Kompetenzbezirke. Besonders häufige Konflikte gab es mit Siena, das in der südlichen Toscana seine ländliche Umgebung genauso, und oft auf Kosten der benachbarten Städte, ausdehnte. Mit Pisa, das im XII. Jahrhundert die reichste Stadt des westlichen Mittelmeers war, waren die Verhältnisse

Ein altes Bild mit dem Alten Markt und der Säule des Überflusses vor der Entstehung des Platzes der Republik.

anderer Art, ein Verhältnis der Zusammenarbeit und der gegenseitigen Hilfe. Florenz benutzte im allgemeinen den Hafen von Pisa für seinen Handel auf dem Seeweg.

Ein Zeugnis von der Macht, die Florenz im Lauf des XII. Jahrhunderts erreicht hatte, ist aus der Ausdehnung der Stadt zu ersehen. Rund um die Mauern aus der Zeit der Mathilde, vor den Stadttoren hatten sich dichtbewohnte Siedlungen gebildet, zuerst langgestreckt, weil sie sich längs der Straßen gebildet hatten. Heute noch behält die Toponomastik der Stadt die Spuren bei: Borgo San Lorenzo entspricht der «Porta del Vescovo», Borgo di Balla, (so hieß der erste Teil der heutigen Via dei Servi, so genannt, weil hier die Angehörigen der Wollzunft saßen und infolgessen die Wollballen hier transportiert wurden, Borgo San Pier Maggiore, Borgo dei Greci (so genannt weil hier eine Kolonie orientalischer Händler sich niedergelassen hatte), Borgo San Remigio, Borgo di Porta Santa Maria usw. Und hier sind die Viertel am linken Arnoufer noch nicht mit einberechnet, Borgo San Jacopo, Borgo di Piazza (jetzt Via Guicciardini), Borgo «Pidiglioso» (entspricht der heutigen Via Bardi), so genannt, wie Villani aussagt, weil er von gemeinen Leuten bewohnt war. Deshalb beschloß die Gemeinde 1172, eine weitere Stadtmauer zu bauen, die die neu entstandenen Siedlungen umschließen sollte. Der neue Mauerring, der in kaum zwei Jahren (1173 bis 1175) fertiggestellt war, hatte den doppelten Umfang des «alten Rings» und umgab die dreifache Fläche. Sie ging über den Arno und bog gegenüber der alten Mauer um 45 Ñ ab, aber immer noch entlang dem alten römischen Rechteck. Folglich entsprach jeder Seite der alten Mauer (und dem Tor in der Mitte) eine Kante der neuen Mauer. So entstand nach über einem Jahrtausend eine Entsprechung, zwischen der Ausrichtung der Stadt und ihrem Straßennetz, und den Zuführwegen, deren Richtung sich durch die Landaufteilung der alten römischen Kolonie gebildet hatte. Für den Bau der neuen Stadtmauer wurde der Mugnone nochmals umgeleitet und mehr nach Westen geführt. So speiste er die Gräben längs der Mauern und gab der heutigen Via dei Fossi, sowie der Kirche *San Jacopo tra i Fossi* in Via dei Benci, den Namen. Anstelle der früheren vier Tore hatte der neue Ring 6 Haupttore und vier Pforten. Die Stadtteile am linken Arnoufer, bis dahin ohne Schutz, wurden erst später befestigt, nur ein kleiner Teil erhielt schon 1173-1175 Befestigungsmauern. So trug der Arno zu einer innerstädtischen Infrastruktur bei, sowohl als Verkehrsweg, als auch als Energie - und Wasserversorgungsquelle für das Handwerk (Korn - und Walkmühlen). Die Brücke über den Fluß wurde im späten Mittelalter 1179 wieder erbaut «di quattro uscente di novembre cadde», und zwar an derselben Stelle, wo heute der *Ponte Vecchio* ist, jedoch mit fünf Arkaden, und viel schmäler als heute.

Aus dem Stadtbild des XII. Jahrhunderts ragten zahlreiche Türme empor: 1180 sind 35 nachgewiesen, aber sicher waren es noch viel mehr. Die Existenz der Türme bedeutete aber nicht «eine logisch koordinierte Ordnung im Sinne einer Qualifikation des monumentalen Ambiente», denn ihre Lage gab keinem Stadtteil den Vorrang, weder der «*civitas vetus*» (die Stadt der Römer, der Karolinger und der Mathilde), noch der «*civitas nova*». Ursprünglich dienten die Türme ausschließlich offensiven und defensiven Zwecken, sie dienten ihren Besitzern als Zuflucht im Falle von Gefahr. Deshalb waren sie neben den Häusern erbaut und mit diesen durch eine Öffnung in der gemeinsamen Mauer verbunden. Erst später (XIII.-XIV. Jh.) wurden die Türme als Wohnungen benutzt. Daraus ergeben sich zahlreiche Umbauten. die wir heute noch an einigen Beispielen sehen können: **Torre dei Visdomini** in Via delle Oche, **Torre dei Baldovinetti** in Borgo Santi Apostoli, **Torre della Castagna** in Piazza San Martino del Vescovo. So nehmen die Turmhäuser an Höhe ab, haben aber mehr Fensteröffnungen und große Portale mit Spitzbogen zu ebener Erde (in früheren Zeiten war, wie schon gesagt, die Zugangstür auf einer gewissen Höhe des Turms). Im XII. Jahrhundert dienten die Türme aber immer noch vor allem militärischen Zwecken, und in der Tat wurde die «Società delle torri (die Turmgesellschaft) gegründet. Die Besitzer verschiedener Türme schlossen sich zusammen und es gelang der Sippschaft mehrerer adliger Familien, gewisse Stadtteile unter Kontrolle zu haben. Und diese Zugehörigkeit verschiedener Türme zu derselben Sippschaft ließ den Häuserblock entstehen, eine typisch einheitliche Struktur des städtischen Raums im XII. Jahrhundert.

Nur in einigen Fällen haben die bis heute erhaltenen Bauten mehr oder weniger sichtbare Teile der

Auf dieser und der Seite gegenüber: zwei Turmhäuser aus alter Zeit in der Stadmitte.

ursprünglichen romanischen Struktur beibehalten. Außer der wichtigen Beispiele, über die wir später reden werden, verweisen wir hin auf die Krypta und die Innenfront der Kirche von **Santa Trinità**, die Fassade und die beiden Seitenwände von **Santa Maria Maggiore**, einige Pfeiler und Kapitelle in **Santa Felicita**, die Krypta von **San Niccolò**, die zylindrische Basis des **Glockenturms der Badia**, die Pfeiler, die die Schiffe in **San Jacopo Sopr'Arno** voneinander trennen (diese Kirche hat als Fassade die romanische Laube, die früher die außerhalb der Stadt liegende Kirche San Donato a Scopeto zierte, und die hier wieder zusammengestellt wurde), die kleine Fassade von **San Salvatore al Vescovo**, die kleinen Kirchen **Santa Margherita de' Cerchi** und **Santi Procolo e Diomede**. Im XII. Jahrhundert kam es zum Erblühen einer intensiven Bautätigkeit, dank derer alle existierenden Kirchen renoviert und neue religiöse Gebäude in den Ansiedlungen rund um die alte Stadtmauer gegründet wurden. Nimmt man die einfachen kleinen Kirchen aus (bescheidene Kapellen, deren Bestimmung man aus einem ovalen Fenster in der Fassade und einem kleinen Glockenturm mit freihängenden Glocken ersehen kann), so spiegeln alle wichtigen Gebäude (oder ihre Überreste) die besonderen Merkmale des florentinischen romanischen Stils wieder, die, wie schon gesagt, bereits bei den ersten Anzeichen einer architektonischen Erneuerung im XI. Jahrhundert sichtbar waren. In **San Miniato al Monte** und in **San Piero Scheraggio** verbinden sich die klassischen Aspekte (Kolonnaden, Decken aus hölzernen Dachbindern) mit Elementen, die durch die römisch-lombardische Kultur beeinflußt waren (Bündelpfeiler Querbögen). Manchmal wird die Wiederaufnahme klassischer Motive noch deutlicher, wie z.B. in der Kirche **Santi Apostoli**: die durchgehenden Säulen im Innern, ohne die lombardische Unterbrechung der Rhythmen, die korinthischen Kapitelle, machen den Bau den frühchristlichen Architekturen ähnlich. Im XII. Jahrhundert wurde die Verwaltung zweier der wichtigsten städtischen Kirchen (das *Baptisterium und San Miniato al Monte*) einer der reichsten florentinischen Zünfte verliehen: der Arte der Calimala (Zunft der Kaufleute). Daraus folgerten zahlreiche Umbauten und Verschönerungsarbeiten, die den beiden Bauten das Aussehen gaben, das sie heute noch auszeichnet. In der Tat stammen die Marmorinkrustationen der ersten beiden äußeren Geschosse des Baptisteriums aus der zweiten Hälfte des XII. Jahrhunderts. Die Linienführung des zweifarbigen Parameters mit grünen Serpentinen in den weißen Marmor eingelegt, passen auf wunderbare Art zu der Klarheit der Strukturen dieses Gebäudes. Jede Fläche des Achtecks ist durch Lisenen abgegrenzt, über dem Gebälk am unteren Rand erheben sich Blindbögen, die Ädikulafenster umrahmen, mit dreieckigen oder geschwungenen Giebeln. Letztere gehen eindeutig auf klassische Modelle zurück, aber bei dieser neuen Interpretation kommt es zu einer noch nie dagewesenen leichten Eleganz. Vor allem das Motiv des rechteckigen Fensters, über dem sich ein dreieckiges Giebelfeld befindet, wird in späteren Zeiten in der Florentiner architektonischen Kultur eine wichtige Rolle spielen. Zwischen die Blindbögen und die Lisenen mit dem Gebälk an der Basis wird eine Aufeinanderfolge stilisierter kleiner Loggien eingefügt, die aus der lombardischen Zeit stammen, auch diese sind jedoch immer nur durch Intarsien verwirklicht, und sind infolgedessen ein rein graphisches Symbol. Im Innern behält jedoch das *Baptisterium* sein einfaches und strenges ornamentales Aussehen bei, das wahrscheinlich zusammen mit dem Gebäude entstanden ist, und das den Raum wie in einem Käfig abgrenzt, der aus zwei Gebälken gebildet wird, zwischen denen sich das System der Pilaster, der Säulen und der Lisenen abwechselt, die die Flächen des Achtecks aufgliedern.

Außer der Basis der Fassade gehen die Kirchengeräte und ein Großteil der äußeren und inneren Marmorverkleidung in **San Miniato** auf die zweite Hälfte des XII. Jahrhunderts (und die ersten Jahrzehnte des XIII. Jahrhunderts) zurück. Der alte 1018 von Bischof Hildebrand geweihte Bau wurde später dann von Grund auf verändert, und so kam es zum heutigen Gebäude, das trotz der lombardisch lexikalen Bezeichnungen, architektonisch der Inbegriff einer völlig neuen Ausdrucksform ist, ein Anknüpfungspunkt an die Tradition der späten Antike. Die Kirche hat drei große Schiffe, die durch Säulen getrennt sind, wobei auf jede zweite Säule ein quadratischer Pfeiler mit Vorlage folgt. Auf diese Weise wird das Mittelschiff in drei schwebende Bögen unterteilt, der letzte bildet den Chor mit der Apsis.

Die schlichte Fassade der Kirche S. Maria Maggiore.

Dieser ist gegenüber der restlichen Kirche erhöht und durch Geländer aus Marmor abgegrenzt. Darunter liegt die siebenschiffige Krypta mit Kreuzgratgewölbe, auf dünne Marmorsäulen gestützt. Die Kapitelle der Säulen und der Pilaster sind meist korinthisch und stammen von antiken Gebäuden, manche kommen aus römischer Zeit. Einige der letzteren sind aus Ton anstatt aus Marmor wie die anderen. Die Kompositkapitelle mit Blume und Abakus aus Sandstein sind denen ähnlich, die in den Überresten von *San Piero Scheraggio* noch zu sehen sind; die ursprüngliche Marmordekoration ist im Innern nur auf der hinteren Wand und auf den beiden Seitenwänden des Chors, bis zum Gebälk noch erhalten, der Rest (einschließlich der mit Marmor imitierendem zweifarbigem Alabastergips überzogenen Säulen) geht auf die Restaurierungen des 19. Jahrhunderts zurück. Der Geist der Klassik tritt in dieser Dekoration zutage, und der Wechsel des weißen und dunkelgrünen Marmors grenzt durch geometrische Einlegearbeiten, die in der Proportion genau kalkuliert sind, die Flächen klar gegeneinander ab. In der Auskleidung der Chorwölbung aber spiegeln die Blindbögen, die drei Fensternischen umrahmen, und die durch rosa Steinplatten abgeschlossen sind, trotz der klassischen Gliederung Motive, die von jenseits der Alpen kommen, wider. Die dekorative Ausstattung der Fassade ist eine harmonische Vervollständigung der Architektur, vor allem im unteren Teil, wo ein perfektes Gleichgewicht zwischen der architektonischen Struktur und den Marmorinkrustationen hergestellt wird, und somit den Parametern jenes künstlerischen Empfindens entsprechend, das im Florenz des XII. Jahrhunderts vorherrschend war. Für diese Art der Darstellung wird im allgemeinen das Adjektiv "geometrisch" gebraucht, "was sowohl den formellen, als auch den rationellen Sinn des Begriffs angeht" (C.I.Ragghianti). Jedes Element der Dekoration stellt so eine Art Projektion der architektonischen Struktur dar. Die Arkaden an der Basis, die in langsamem Rhythmus aufeinanderfolgen, und die die Portale und die Blindbögen aus Marmor einrahmen, scheinen die Kadenz eines Laubengangs nachahmen zu wollen. Drei dimensionale Einzelheiten stellen im allgemeinen auch die anderen Intarsienornamente dar, die in ihrer graphischen Ausführung Rosetten, kleine Loggien, Portale, Durchbrüche wiedergeben.

## DAS 13. JAHRHUNDERT

Die neue Stadtmauer wurde in kurzer Zeit erbaut, und man kann daraus ersehen, wie wohlhabend Florenz geworden war, jetzt wo es zum wichtigsten Zentrum der kontinentalen Toscana geworden war, mit seinen ungefähr 30.000 Einwohnern und einem ständigen Bevölkerungszuwachs durch das Zuziehen vom Lande. Gerade die Zuwanderung der Landbevölkerung und der Ärmsten unter ihnen, gab den Anlaß zu einer neuen sozialen bürgerlichen Schicht, die Spannungen mit sich brachte, neben den Kämpfen der Adligen, die die Macht in den Händen hatten und all der anderen, die ausgeschlossen waren, auch der reichen Bürgerfamilien. 1193 führten die Spannungen dazu, daß einige bedeutende Adelsfamilien (darunter die Uberti), die bisher keinen Zugang zum Konsolat gehabt hatten, durch die Gunst des Kaisers gestärkt, sich der staatlichen Macht bemächtigten. Im Grunde hatte die neue führende Gruppe eine Zusammensetzung, die sich von der alten nicht wesentlich unterschied: der Unterschied lag vor allem im Übergang zu einer Regierungsform mit einem Bürgermeister, denn die ausübende Macht wurde einem einzigen «Podestà» genannten Richter verliehen. Aber mit dem Tod Heinrichs VI. (1197) gewannen die abgesetzten Familien wieder die Oberhand, und das konsularische System wurde erneut eingesetzt. Allerdings nur für kurze Zeit, denn unter dem gemeinsamen Ansturm der von der Macht noch ausgeschlossenen sozialen Kategorien (Kaufleute, Handwerker) kam es (1207) zur endgültigen Errichtung eines Bürgermeisterregimes. Bürgermeister wurde ein von außen kommender (der erste war Gualfredotto da Milano), der auf diese Weise die Unparteilichkeit bei der Anwendung der Gesetze garantieren sollte. Dem Bürgermeister stand ein in den Personen begrenzter Rat zur Seite, der das Kollegium der Konsuln ersetzte, und ein allgemeiner Rat, zu dem die Vertreter der Kaufleute gehörten. So brachte das neu Regierungssystem ein Gleichgewicht in die gegensätzlichen Tendenzen der führenden Adelsklasse, und gleichzeitig bekamen auch die mittleren Kategorien der Bevölkerung einen ersten bescheidenen Zutritt.

So erlebte die Gemeinde eine Zeit des Friedens, während der die wirtschaftliche Basis der Stadt noch anwuchs: die Kaufleute, die sich von 1182 ab nach dem Beispiel der Rittergesellschaften in einem körperschaftlichen Bund zusammengeschlossen hatten (l'Arte dei Mercanti), vermehrten sich und breiteten sich bald weit über die Grenzen ihrer Region hinaus aus. So wird

Florenz in den Jahren des Ubergangs vom XII. zum XIII. Jahrhundert ein internationales wirtschaftliches Zentrum, und seine Kaufleute sind auf den wichtigsten Jahrmärkten der damaligen westlichen Welt vertreten. Die Wirtschaft erlebt einen Aufschwung, und innerhalb weniger Jahre vervielfältigen sich die Zusammenschlüsse anderer kaufmännischer und handwerklicher Kategorien, deren Anzahl rasch zunimmt. Insbesondere vergrößert sich die Zunft der Kaufleute, die sich von nun ab Arte di Calimala nennt. So hieß die Straße, in der sich die hauptsächlichen in der Veredelung und Färbung der Wollstoffe spezialisierten Werkstätten befanden, die die Tücher als Rohgewebe einführten, um sie dann auf den bedeutendsten Märkten des Abendlandes wiederzuverkaufen. Es sind in der Stadt noch einige Sitze der Zünfte erhalten, meistens handelt es sich jedoch um Bauten, die auf das XIV. Jahrhundert zurückgehen, so der Sitz der «*Arte della Lana*» (Wollzunft), der 1308 durch Umstrukturierung eines schon existierenden Turms gegründet wurde, mit Restaurierungsarbeiten, die auf den Stil des vorhergehenden Jahrhunderts zurückgehen, oder die Residenz der «Arte dei Beccai» (Fleischerzunft) in Via Orsanmichele. In vielen Fällen jedoch sind die Sitze der Zünfte zerstört worden, vor allem beim Abriß des alten Stadtzentrums, so zum Beispiel geschah es der Zunftniederlassung der Rigattieri und Lanaioli und der der Albergatori.
Die Grundlage für das wirtschaftliche Wachstum war die Zunahme der Bevölkerung, die nicht nur auf die natürliche Vermehrung, sondern auf die ständig anwachsende Einwanderung vom Land her zurückzuführen ist, vor allem jenes ländlichen Bürgertums, das sich infolge der allgemeinen ökonomischen Entwicklung herausgebildet hatte. Die Zugewanderten ließen sich mit Vorliebe in dem städtischen Viertel nieder, von dem das Land, aus dem sie kamen, abhing. Aus diesem Grund wuchs vor allem das Viertel auf dem linken Arnoufer an, weil hierzu die Bevölkerung der südlichen Bezirke gehörte. So wurde der Bau einer neuen Holzbrücke auf Steinpfeilern notwendig (1218), Ponte alla Carraia genannt, talabwärts gegenüber der schon existierenden Brücke, die von nun ab Ponte Vecchio genannt wurde. Wenige Jahre später (1237) wurde talaufwärts eine dritte Brücke erbaut, der der Name des damals amtierenden Bürgermeisters verliehen wurde, des Mailänders Rubaconte da Mondello. Sie befindet sich an der Stelle, an der der Arno am breitesten ist. Ganz aus Stein erbaut, hatte sie zu Anfang neun Bögen, zwei davon wurden 1347 zugebaut, um die Piazza dei Mozzi zu erweitern. Später wurde ihr Name in Ponte alle Grazie umgewandelt, nach der kleinen Kirche, die zur Hälfte des 14. Jh. auf einem der Pfeiler errichtet wurde, und zu der dann einige kleine Läden und von Klausurnonnen bewohnte Häuschen hinzukamen. Die immer dringender werdenden Ansprüche des Handels und des städtischen Verkehrs, zusammen mit der Ausdehnung der Stadt führten 1252 zum Bau einer weiteren Verbindung zwischen den Arnoufern, dem Ponte a Santa Trinità. Diese vier Brücken waren für die Bedürfnisse der Stadt bis zum XIX. Jahrhundert ausreichend. 1317 begann man zwar zu Ehren des Königs Roberto di Napoli, und in Voraussicht eines weiteren Wachstums der Stadt (das jedoch nicht erfolgte), den Bau einer fünften Brücke, der aber nie vollendet wurde, der sogennante Ponte Reale, unterhalb des jetzigen Ponte San Niccolò, auf dessen

Oben: der Sitz der Wollzunft und unten: der der Fleischer.

Grundmauern der Herzog Alessandro dei Medici 1532 eine Festung am Arno errichtete. Außer dem Ponte alle Grazie zerstörte die verheerende Flut des Jahres 1333 alle Brücken. Bei ihrem Wiederaufbau wurde aber die typisch mittelalterliche Eigenschaft beibehalten, kleine Häuschen auf die Strukturen zu setzen, die die verschiedenartigsten Aufgaben erfüllten. Die Bevölkerungsdichte und das tiefe religiöse Empfinden der Einwohner rief natürlich auch die Bettelorden in die Stadt, ein Ausdruck der erneuerten Spiritualität des 13. Jahrhunderts. Die neuen Mönchsorden, (die Franziskaner, Dominikaner, Augustiner, Serviten, Karmeliter) spielten eine erstrangige Rolle im Stadtgefüge des frühen Mittelalters. Auf Grund des ihnen auferlegten Apostolats (die Notwendigkeit in den dichtbevölkersten Gegenden zu wohnen und große Räumlichkeiten zur Verfügung zu haben, um sich mit den Mitbürgern zu treffen), erbauten sie nicht nur große Klosterkomplexe, sondern wurden auch zum Anziehungspunkt, und organisierten das Leben in vielen Bereichen der Stadt.

Die Baugeschichte der Bettelorden kann in Florenz ungefähr in zwei Zeitabschnitte aufgeteilt werden. Der erste, von den Ursprüngen bis zur Hälfte des 13. Jahrhunderts betrifft die Gründung der Gemeinden und den Bau der ersten Kirchen. All diese Gebäude sind bescheidenen Ausmaßes, wie es auch die «*Verfassung der Dominikaner*» von 1240 vorschreibt, und die die Franziskaner fast vollständig übernehmen. «*Mediocres domos et humiles habeant fratres nostri...*». In der Folge aber nimmt das Ansehen der Bettelorden in der Gesellschaft des 13. Jahrhunderts zu, und die immer intensiver werdenden Aufgaben der Predigt und des religiösen Unterrichts für das Volk machen die Erweiterung dieser ersten kleinen Bauten notwendig. So beginnt die zweite Periode der Franziskaner und Dominikaner Baugeschichte, und all der anderen Bettelorden, und die meisten der ursprünglichen Bauten werden ganz neu und mit oft gewaltigem Umfang wieder aufgebaut. Die Dominikaner lassen sich 1221 in Florenz nieder, in der kleinen Kirche *Santa Maria delle Vigne*, die sie vom Kapitel der Kathedrale zum Geschenk erhalten haben. 1246 erweitern sie zum ersten Mal den ursprünglichen Kern ihres Klosters, um dann 1278 den jetzigen Bau in Angriff zu nehmen. Die erste Kirche der Franziskaner geht auf das zweite Viertel des XIII. Jahrhunderts zurück und wird nach *Santa Croce* (dem heiligen Kreuz) benannt. Zu Ausgang des 13. Jahrhunderts (1294) wird sie in der Gestalt erbaut, wie wir sie heute noch sehen. Dasselbe geschah für die Augustiner von *Santo Spirito*, die sich 1259 in dem Stadtteil am linken Arnoufer niedergelassen hatten, und die wenige Jahre nachher (1269) ihr Kloster erweiterten, ebenso für die Karmeliter von *Santa Maria del Carmine*, die *Serviten von Santissima Annunziata*, letzterer ist ein Bettelorden, der in Florenz selbst entstanden ist.

Wenn die Lösungen in der Gestaltung auch verschiedenartig sind, so zeichnen sich doch die religiösen Bauten der neuen Orden durch ihre grandiose Ausführung aus. Die kultischen Ansprüche (d.h. die Notwendigkeit großer Räume, wo den Gläubigen das Wort verkündet werden sollte, wo sie aber auch durch die gut beleuchteten, mit Fresken bemalten Wände belehrt wurden) erforderten dies, und die Tatsache, daß die Kirchen als öffentliche Bauten angesehen wurden, die vom Volk und für das Volk errichtet worden waren: «*ad utilitatem animarum ed decorum civitatis expedit*». Außer dem Wiederaufbau der vorhandenen Kirchen, rufen die neuen religiösen Orden große Klosterkomplexe ins Leben, mit Räumen für das Studium und die Handarbeit, sie organisieren das Gemeinschaftsleben der städtischen Bevölkerung und spielen somit nicht nur eine religiöse, sondern auch eine politische und kulturelle Rolle.

Zu der intensiven Bautätigkeit der Bettelorden kommt die Erneuerung der zahlreichen städtischen Kirchen hinzu, die Vallombrosaner *Santa Trinità*, die zwischen 1250 und 1260 im gotischen Stil renoviert wird. Es werden auch an dem sogenannten Ort Cafagio zwei Klöster gegründet, *Santa Maria degli Angioli*, ein Kamaldulenser Zönobium (1259) und *San Marco* (1299), von den Silvestriner Patern. Auch die *Badia Fiorentina* wird 1285 von Arnolfo di Cambio erweitert, und verschiedene andere Kirchen werden restauriert: *Santo Stefano al Ponte* (1233), *San Simone* (1243), *Santa Maria Maggiore*, *Sant'Ambrogio*. Zwischen 1278 und 1294 endlich errichten die demütigen Brüder, die 1239 von Alexandrien nach Florenz gekommen sind, und sich zu Anfang in der Nähe von San Donato a Torri niedergelassen hatten, ihr Kloster und ihre Kirche *San Salvatore in Ognissanti* und verlegen auch ihre Werkstätte für die Wollverarbeitung in die Stadt, denn sie sind in dieser Tätigkeit wahre Meister.

Die Ausübung der Barmherzigkeit, die mit dem Gebet die religiöse Grundlage der neuen Orden ist, führt zur Gründung neuer Krankenhäuser, neben den alten, von denen einige schon vom XI. Jahrhundert ab erwähnt werden (wie z.B. «*Spedale di Badia*», «*Spedale dei Pinti*» bei der Kirche San Pier Maggiore, und das «*Spedale del Santo Sepolcro*», gleich hinter dem Ponte Vecchio). Unter den zahlreichen Krankenhäusern, die im Lauf des XIII. und zu Anfang des XIV. Jahrhunderts entstanden, soll vor allem das *Spedale di Santa Maria Nuova* erwähnt werden, das Folco Portinari 1286 gründete und das später zum wichtigsten Krankenhaus der Stadt wird, außer dem Krankenhaus *San Matteo* in Piazza San Marco (von dem noch der gotische Laubengang übrigbleibt), und *San Martino alla Scala*, in späteren Jahren in ein Kloster verwandelt.

Die großen Kirchen, die die Bettelorden in den letzten Jahrzehnten des XIII. Jahrhunderts errichteten, bilden zusammen mit der neuen Kathedrale *Santa Maria del Fiore*, deren Bau 1294 begann, die wichtigsten Beispiele religiöser gotischer Baukunst in Florenz. Die neuen Formen, die die Zisterzienser nach Italien gebracht hatten (in der ersten Hälfte des XIII. Jahrhunderts hatten sie die *Badia a Settimo* an den Toren der Stadt wieder aufgebaut) verbanden sich am Arno mit der Liebe zur Klassik, und mit der geometrischen Zweifarbigkeit, die für die Florentiner architektonische Tradition so bezeichnend sind. Es entsteht dadurch eine originelle Interpretation der Gotik, und das Hochstreben der Kirchen jenseits der Alpen wird hier durch eine gemäßigtere Vision gedämpft und räumlich perfekt ausgewogen. In **Santa Maria Novella**, das den Dominikanern Fra' Sisto und Fra' Ristoro zugeschrieben wird, hat der weite und schmucklose Innenraum, der mit anspruchslosem Material verwirklicht ist (Sandstein für die Pilaster und für die Rippen, Ton für den Fußboden und Verputz für die Wände und für die Gewölbe) einen stilistisch klar ausgesprochenen Charakter, dank des deutlicher sich Absetzens der Bauglieder gegenüber der glatten Fläche

Der hoch aufragende Campanile der Badia.

der Mauern und des in den Proportionen klar aufgeteilten Raums, in dem das Hauptschiff zu den Seitenschiffen in einem idealen Verhältnis steht. In **Santa Croce**, das Arnolfo di Cambio zugeschrieben wird, ist das in die Höhe Streben der nordischen Kirchen noch mehr gedämpft «dank des freien Raums und der Eindeutigkeit der einzelnen Teile». Die drei Schiffe, aus denen die Kirche besteht, sind durch feingliedrige achteckige Pfeiler abgegrenzt, die die weiten Spitzbögen mit ihrer doppelten Umrahmung stützen. Der Dachstuhl besteht, der Franziskaner Regel nachkommend, aus einer horizontalen Balkendecke, so daß ein geschlossener Raumeindruck entsteht, in dem die linearen vertikalen Profile immer im Verhältnis zu den horizontalen Elementen stehen, zu der Balkendecke und dem darunterliegenden Ballatoio (von Konsolen getragener Laufgang). Die Perspektive spitzt sich in Richtung des lichtvollen Chors mit seinen hohen Glasfenstern zu.
Im Lauf des XIII. Jahrhunderts wurde eine Reihe von Veränderungen vorgenommen, und so nahm das Baptisterium sein heutiges Aussehen an. 1202 wurde die halbrunde Apsis durch die jetzige mit rechteckigem Grundriß ersetzt. Wenige Jahre später (1225) wurde das neue Presbyterium von Fra' Jacopo «*Sancti Francisci frater*» mit Mosaiken dekoriert, und die großartige musivische Dekoration der Kuppel in Angriff genommen, die dann im Laufe des Jahrhunderts von «griechischen Meistern» (so nennt sie Vasari) unter der Mitarbeit lokaler Künstler wie Cimabue und Gaddo Gaddi vollendet wurde. In der zweiten Hälfte des 13. Jahrhunderts wurde auch das oberste Geschoß der äußeren Marmorverkleidung hinzugefügt, sowie das pyramidenförmige Dach, das die darunterliegende Kuppel verbirgt und die prismenförmige Basis krönt. Die neue dekorative Verkleidung zeichnet sich durch die strengen geometrischen Intarsien in zwei Farben und die kaum hervorgehobenen Lisenen aus, die sich fast nur durch den chromatischen Kontrast von der Grundfläche abheben. Die schneeweißen Marmorplatten, die das ganz glatte Dach der Pyramide bilden, unterstreichen die räumliche Struktur des Gebäudes, das in seinem oberen Teil wie eine Art *templum cristallinum* aussieht.

## DIE KÄMPFE ZWISCHEN GUELFEN UND GHIBELLINEN

Die Zeit des Friedens, die auf die Gründung des Priorats folgt, dauerte nicht lange an. Schon 1216 wird die Feindschaft zwischen den Sippschaften der Buondelmonti und der Amidei zum Vorwand, der die Kämpfe zwischen den führenden Gruppen wieder aufflackern läßt. Es beginnen eine Reihe von Racheakten, unter denen die Florentiner Bevölkerung das ganze Jahrhundert lang zu leiden hat und die Bevölkerung teilt sich in Guelfen und Ghibellinen. 1244 treffen die Ghibelliner Aldigen, in deren Händen die Macht liegt, die Entscheidung, die soziale Basis der Regierung auszudehnen, um die Gunst der Kaufleute zu erwerben. Diese Tatsache ist ein Vorspiel für die sogenannte Regierung des «Primo Popolo». Neben dem Bürgermeister werden zwei «Capitani» eingesetzt, die das Volk, das heißt die Kaufleute und die Handwerker vertreten. Aber wenige Jahre später

(1250) gelang es den Kaufleuten und Handwerkern «radunandosi insieme a romore», den Ghibelliner Adligen die Macht zu entreißen und einen neuen politischen Kurs einzuleiten «il Popolo», der sich den anderen kommunalen Institutionen widersetzt. Diese neue Organisation hat militärischen Charakter: zwanzig Kompanien auf topographischer Basis, jede mit eigener Fahne, Bannerträger und Rat. An der Spitze steht der «Capitano del Popolo», ein Ausländer, um die Unparteilichkeit zu garantieren, als Beistand hat er einen Rat der Alten und einen Rat der Zunftvertreter. Um die Arroganz der Adligen zu beseitigen, und um zu verhindern, daß sie die Macht zurückgewinnen könnten, wird die *Societas militum* abgeschafft, und die Reduzierung aller Türme auf eine Höhe von fünfzig Ellen verordnet (29 Meter). «In der Stadt waren eine große Anzahl hundertzwanzig Ellen hoch». Es beginnt erneut eine Zeit des Friedens und des Wohlstands, in der die Stadt einen wirtschaftlichen und finanziellen Aufschwung erlebt. Einen Beweis für die Ausdehnung der Florentiner Wirtschaft stellt 1252 die Prägung einer Münze dar, der goldene Florin, der sich zu dem silbernen gesellt, welcher schon ab 1235 geprägt wird. Symbol der Stadt (die Münze trägt auf der einen Seite das Baptisterium San Giovanni Battista, und auf der anderen die Lilie), bezeugt der goldene Florin, daß im Florenz des XIII. Jahrhunderts das wertvolle Metall im Umlauf ist, unterstützt vom Handel, der kontinentalen Umfang erreicht hat, und vom Kreditwesen, das aus Florenz die finanzielle Hauptstadt des Abendlands macht.
Während der Zeit des «Primo Popolo» nimmt die Stadt nicht nur an Bevölkerung zu, sie bereichert sich auch an öffentlichen Gebäuden: 1225 beginnt der Bau des *Palazzo del Popolo*. Außerdem sorgt man dafür, die Befestigungen im Viertel am linken Arnoufer zu verstärken. Dabei werden als Material auch die Bruchsteine der geköpften Türme verwendet. Auch eine vierte Brücke, Ponte Santa Trinità, wird erbaut. Der Palazzo del Popolo (**der heutige Bargello**) war für die Sitzungen des Gemeinderats erbaut worden, und mit seiner beeindruckenden Größe, dem hohen, mit Zinnen gekrönten Turm, der in der Höhe alle Türme der Stadt überragt, ist er architektonisch gesehen Ausdruck des neuen politischen Kurses. Die Erweiterungen und Zusätze, die 1340-1345 hinzukommen, geben dem Palazzo sein derzeitiges Aussehen, streng und ehrfurchtgebietend in seiner einheitlichen rechteckigen Masse, kaum unterbrochen durch die leichten Kranzgesimse, die ihn in drei Felder aufteilen, wovon das mittlere durch Einzelbogen -und Zweibogenfenster aufgelockert ist.
Der unglückliche Tag von Montaperti (1260), an dem die Florentiner von den Senesern besiegt wurden und eine schwere Niederlage erfuhren, bringt die Beseitigung aller politischen Errungenschaften des kaufmännischen Bürgertums mit sich. Die Ghibellinen übernehmen die Macht wieder, und mit der Wiedereinsetzung der alten Institutionen verordnen sie die Zerstörung der Paläste, der Türme und der Häuser, die die hauptsächlichen Vertreter der Guelfen in der Stadt und auf dem Land besaßen. Eine wertvolle Urkunde aus dem Jahr 1269, das *Liber Extimationum*, gibt uns einen Einblick, welches Ausmaß die Verwüstungen seitens der Partei der Ghibellinen angenommen hatte. Die Stadt lag in Schutt und Asche, 103 Palazzi, 580 Häuser, 85 Türme waren teilweise oder ganz zerstört, ohne die teilweise Beschädigung anderer Gebäude mit einzurechnen. Sechs Jahre lang mußte Florenz die Übergriffe der Ghibellinen erdulden, und wäre zerstört worden, wenn Farinata degli Uberti die Stadt bei der Versammlung in Empoli nicht so mutig verteidigt hätte. Trotzdem aber, wenn dies auch fast unwahrscheinlich klingt, scheint die wirtschaftliche Entwicklung der Stadt nicht allzusehr unter der Verheerung seiner Gebäude gelitten zu haben. Auch das städtische Bürgertum gibt nicht auf, und nach dem Tod Manfreds (26. Februar 1266) versucht es, wieder an die Regierung zu kommen; der Versuch mißlang, aber die Ghibellinen, die die Stärke der Volksmassen fürchten, sehen sich ohne den kaiserlichen Schutz nunmehr gezwungen, Papst Klemens IV. als Friedensstifter zwischen den beiden feindlichen Parteien anzuerkennen. Der Papst unterstützt offen die Guelfen, die auf diese Weise mit Hilfe der Ritter Karls von Anjou, dessen Spedition in Italien von den mächtigen Florentiner Bankiers finanziert wird, die Macht zurückgewinnen. Die Guelfen, Herren der Stadt, ernennen Karl zum Stadtvogt für sechs Jahre und rufen die von den Ghibellinen außer Kraft gesetzten politischen Institutionen wieder ins Leben.
Trotz zahlreicher mißlungener Versuche, die beiden Parteien zu versöhnen, entstehen im gesellschaftlichen Gefüge zwei weitere Parteien: die «Magnati» (Personen, deren Absichten dem gesamten Volk äußerst gefährlich schienen, u.zw. die adligen Guelfen und die zurückgekehrten Ghibellinen, zum Großteil Besitzer ansehnlicher Häuser und ausgedehnter Grundstücke) und die «Popolani» (Händler und Handwerker, in den Zünften zusammengeschlossen, unterteilt in «Grassi» und «Minuti» entsprechend ihrem Interessenbereich).
Zwischen 1282 und 1283 gelingt es den höheren Zünften, die man wohl als mittleren Geschäfts-Bürgerstand bezeichnen kann, eigene Vertreter und Organe in die Regierung einzusetzen: hiermit beginnt die sogenannte Regierung des «Secondo Popolo» mit anschließender Einrichtung des «Priorato», das zwar mit wechselndem Erfolg, doch fast zwei Jahrhunderte lang die Vorherrschaft der Zünfte verkörpert. Die neuen Vertreter der Stadtrepublik werden ab jetzt als «Priori delle Arti» bezeichnet (später «Signori»); sechs Vertreter, einer für jeden Stadtteil, sind vorgesehen; den Vorsitz führt der «Difensore delle Arti e degli Artigiani, Capitano e Conservatore della pace del Comune di Firenze» (Verteidiger der Zünfte und der Handwerker, Befehlshaber und Hüter des Friedens der Stadtrepublik Florenz). Anfänglich werden die Magnati nicht aus der Regierung ausgeschlossen; Voraussetzung für ihren Eintritt in die Regierung ist jedoch die Einschreibung in eine Zunft; 1293 mit den berühmten *«Ordinamenti di Giustizia»* des Giano della Bella wird der im XII. Jahrhundert in die Wege geleitete geschichtliche Ablauf auf natürliche Art und Weise abgeschlossen: den Magnati wird es verboten, am politischen Leben der Stadt teilzunehmen.
In den letzten Jahrzehnten des XIII. Jahrhunderts erreicht Florenz den Höhepunkt seines wirtschaftlichen und demographischen Wachstums: es beginnt die Epoche der bedeutenden architektonischen und urbanistischen Werke, gefördert durch die ansehnliche Akkumulation von Kapitalien im Rahmen der Expansion des Handels und der finanziellen Aktivitäten. Das alte Stadtbild, mit den zahlreichen, eng von den Mauern umschlossenen Türmen, macht

einer neuen Stadt Platz, «sich ausbreitend in einem Gleichgewicht von offenen und bebauten Gebieten», wo «die städtische Landschaft, geprägt von den Türmen der mächtigen privaten Familien, durch die strenge Gliederung um die großen öffentlichen Bauwerke gekennzeichnet ist» (G. Fanelli). Die weiterhin anwachsende Bevölkerung (nach den Berechnungen des Fiumi zählt Florenz in dieser Zeit wohl mehr als 90.000 Einwohner) wurde außerhalb der 1172 erbauten Mauern ansässig und es entstanden neue Borghi. Aus diesem Grunde erschien die Erbauung eines *neuen Mauergürtels* nötig: 1282 wurde der Bau geplant; es war eine Gesamtlänge der Mauern von 8500 Metern mit 73 hohen Türmen und 15 mit Türmen bewehrten Toren vorgesehen, die eine Fläche von ca. 430 Hektar umfaßten, die fünffache Ausdehnung des ehemaligen Stadtbezirks. Dank der großzügigen Planung einer neuen Erweiterung der Stadt (die später nicht verwirklicht werden sollte), gelang es, innerhalb der Stadtmauern zusammen mit sämtlichen Vororten auch zahlreiche Felder und bebaubare Grundstücke aufzunehmen. Die neuen Stadtmauern wurden angelegt, um die Eingliederung der geraden Straßen, die aus den früheren Toren herausführen, zu ermöglichen, was den Verlauf des neuen Walls erklärt, der in die Stadt auch einen hügeligen Teil einschloß, und zwar Boboli und Costa San Giorgio. Der Mugnone wurde natürlich weiter abgeleitet und seine Wasser füllten auch die neuen Festungsgräben entlang den Stadtmauern. Diese sechste und letzte Stadtmauer war mit dem größten finanziellen Aufwand verbunden, den die Stadtrepublik von Florenz je auf sich nahm: daraus erklärt sich das langsame Fortschreiten der Arbeiten, die aufgrund von Kriegstätigkeiten mehrmals unterbrochen und erst 1333 beendet wurden. Nach den Zerstörungen aus dem letzten Jahrhundert bleiben nur einige Abschnitte der Mauern im Oltrarno und die wichtigsten Tore erhalten, die nur in einem Falle (Porta San Niccolò) die urspüngliche Höhe beibehielten.

Gegen Ende des Dugento kann Florenz mit Recht als bedeutendste Stadt des Abendlandes bezeichnet werden, wie aus der Gedenktafel an die Erbauung der Kirche der Heiligen Simon und Judas hervorgeht: "... de florentina (civitate pre qualibet urbe latina..."). Die mächtigen Geschäftsleute beschlossen den Bau zweier großer Gebäude als Wahrzeichen des Reichtums und der Macht der Stadt: die neue Kathedrale und den *Palazzo della Signoria*. Arnolfo di Cambio war die bedeutende Persönlichkeit, die sowohl diese beiden Bauwerke entwarf, als auch die übrigen vom Governo delle Arti beauftragten Bauten, darunter die neuen Stadtmauern. Ab 1294 wurde mit der Erbauung des mächtigen Festungspalastes als Sitz der Priori begonnen, dessen stattliche Fülle alle anderen Bauwerke der Stadt überragte. Er war als solider Block in Würfelform geplant, oben durch einen kühnen, mit Zinnen geschmückten Umgang gekrönt; das Bauwerk kennzeichnet sich durch den hohen Turm, der dasselbe plastische Motiv des Palastes wiederspiegelt. Die Rustikaverkleidung in Pietraforte betont die «männliche und kriegerische Kühnheit» des dreistöckigen Baus mit Gesimsen, über denen die zweiteiligen Fenster in Rundbögen eingeschlossen sind.

1296 begann man mit dem Wiederaufbau der antiken Kathedrale Santa Reparata, die "...zwar riesige Formen aufwies, jedoch im Vergleich zu dieser Stadt extrem klein schien» (G. Villani). Das neue Gebäude,

Nachtansicht des Palazzo della Signoria.

erwähnt vielfach geändert, die verschiedenen Räume wurden mit zahlreichen Öffnungen versehen und teilweise auch mit neuen ornamentalen und dekorativen Elementen (wie im Falle der heute noch bewundernswerten *Torre degli Amidei* mit seinen Löwenkopfplastiken). Von diesen neuen Häusern mit Türmen aus dem Ducento sind uns heute noch die schönen *Torre degli Alberti* in via dei Benci, *Torre dei Cerchi* in der ebenso benannten Strasse, *Torre dei Corbizzi* in Piazza San Pier Maggiore, *Torre dei Marsili* in Borgo San Jacopo, *Torre dei Foresi* in via Porta Rossa, *Torre dei Donati* in Borgo degli Albizi erhalten, um nur einige unter den bestens erhaltenen aufzuzählen.
In den neuen Bauwerken jedoch, die reiche Händler und Geschäftsleute in den letzten Jahrzehnten des XIII. Jahrhunderts errichten liessen, sind die Ergebnisse tiefgreifender Änderungen im Bauwesen bereits bemerkbar, und die Häuser mit Türmen werden vorwiegend durch Bauten ersetzt, in denen die Räume vorwiegend horizontal ausgerichtet sind, mit einer sich teilenden und entspannenden Anordnung der Volumen und einer komplexeren planimetrischen Auslegung. Die eckigen Massen der Paläste, in denen die Mauerverkleidungen aus Pietraforte-Ziegeln weiterhin zu sehen sind, werden durch eine immer engere Folge von Öffnungen gekennzeichnet, als Ausdruck einer neuen Welt, freier und weniger schematisch, in einer räumlichen Neuordnung und Neugliederung.

Das alte Fresko der Stinche mit der Jagdpartie des Herzogs von Athen, das sich heute im Palazzo Vecchio befindet.

das nun nicht mehr der palästinensischen Heiligen geweiht war, sondern der Madonna, und zwar **Santa Maria del Fiore**, wurde im Laufe der Erbauung, die fast ein Jahrhundert dauerte, sowohl in den Abmessungen, als auch im Grundriß teilweise geändert. Der kühne Plan Arnolfos blieb jedoch im wesentlichen unverändert, der der Längsgliederung der drei Schiffe einen zentralen Körper einzusetzen plante, der in einem einzigen Bauglied das Querschiff und das Presbyterium enthalten und somit drei kleeblattartig um die mächtige achteckige Kuppel liegende Flügel aufweisen sollte. Das Innere des Bauwerks ist gekennzeichnet durch die große räumliche Auslegung, die sich in alle Richtungen des breiten Mittelschiffs ausdehnt und von Spitzbögen und Kreuzgewölben überragt ist, die auf mächtigen Pfeilern «multipli et uni» aufliegen, verbunden mit sämtlichen Widerlagerlinien. Dem Arnolfo di Cambio wird, wie bereits erwähnt, auch der Bau der großen Franziskanerkirche **Santa Croce** zugeschrieben, die zusammen mit der Dominikanerkirche **Santa Maria Novella** eines der eindrucksvollsten Monumente aus dem Ende des XIII. Jahrhunderts, unter der Regierung des «Secondo Popolo» darstellt.
Mit der Neuorganisierung der Stadt und der Aufteilung in Stadtviertel (1292), sowie mit dem Baubeginn der neuen Mauern wird eine Reihe städtebaulicher Pläne verwirklicht, mit dem Ziel, neue Straßen zu bauen und die bereits bestehenden zu verbreitern, um das städtische Gefüge einförmiger und schmuckhafter zu gliedern. neben den zahlreichen Häusern mit Türmen (heute sind sämtliche Türme ohne Spitze), entsteht eine Reihe von Palästen, die der Händler-Bürgerstand als Wahrzeichen und Zeugnis des eigenen Reichtums und der Macht erbauen läßt. Bereits im Laufe des Ducento wurden die Häuser mit Türmen wie bereits

Die strenge Fassade des Mozzi-Palastes.

# DAS HISTORISCHE STADTZENTRUM

## DIE PIAZZA DELLA SIGNORIA

Der antike Mittelpunkt des bürgerlichen Lebens der Stadt.
**Brunnen des Neptun**, **Loggia dei Lanzi**, **Reiterstandbild Cosimos I. de' Medici**.

## DIE LOGGIA DEI LANZI

Sie entstand um der Bevölkerung die Gelegenheit zu geben, sich öffentlich zu versammeln. In ihr sind zahlreiche Skulpturen der Renaissance und der Antike zu sehen.

## DER PALAZZO VECCHIO

Sitz der Prioren. Am Eingang befindet sich eine Kopie des *David* von Michelangelo. Im Inneren: der **Hof Michelozzos**, der **Saal der Fünfhundert**, das **Studierzimmer Francescos I.**, die **monumentalen Gemächer** und die Sammlung von Skulpturen und Gemälden der « **Wiedergefundenen Kunstschätze** ».

## DER BARGELLO-PALAST (via del Proconsolo)

Sitz des Capitano del Popolo im 13. Jahrhundert. Im Inneren: der **Hof** und das **Nationale Museum**.

## DAS NATIONALE BARGELLO-MUSEUM

Im Bereich der Skulptur des Renaissance ist dies das bedeutendste Museum der Welt. Im Inneren: der **Saal der Skulpturen des 14. Jahrhunderts**, der **Saal** mit Werken Michelangelos, Sansovinos, Cellinis, Giambolognas und vielen anderen Künstlern. In den oberen Stockwerken: der **Saal Donatellos**, die **Kleinkunstsammlungen**, die **Kapelle des Podestà**, der **Saal Giovanni della Robbias**, der **Saal Andrea della Robbias** und der **Saal Verrocchios**.

## DER DAVANZATI-PALAST (via Porta Rossa)

Ein typischer florentiner Palast. Im Inneren: **Museum eines florentiner Wohnsitzes**, mit der Einrichtung aus dem 16. Jahrhundert, die den Eindruck eines Wohnhauses der Renaissance genau wiedergibt.

## DER DOM

Von Arnolfo di Cambio entworfene Kathedrale mit der großen **Kuppel** Brunelleschis. Im Inneren: im Untergeschoss, der Vorgängerbau der **Kathedrale der Heiligen Reparata**.

## DER CAMPANILE GIOTTOS

Er wurde im 14. Jahrhundert nach Plänen Giottos errichtet. Man kann bis su einer **Terrasse** an der Turmspitze hinaufsteisen.

## DAS BAPTISTERIUM

Außen mit drei Bronze-Türen versehen, die **Paradiespforte** Ghibertis verdient besondere Beachtung. Im Inneren: die *Mosaike* in der achteckigen Kuppel.

## DAS DOMMUSEUM (Piazza del Duomo)

Hier befinden sich zahlreiche Kunstwerke, die sich ursprünglich in der Kathedrale S. Maria del Fiore und im Campanile Giottos befanden, darunter: die *Magdalena* Donatellos, die *Pietà* Michelangelos, die *Sängertribünen Luca della Robbias* und *Donatellos* und *Reliefs* des Campanile.

## ORSANMICHELE (via Calzaioli)

Im unteren Geschoss des Gebäudes befand sich früher der Getreidemarkt. Das Äußere ist mit zahlreichen **Tabernakeln** verziert. Im Inneren: das große **Tabernakel Orcagnas**.

Oben: eine Gesamtansicht der Piazza della Signoria; gegenüber: der Brunnen Fontana di Piazza oder Neptunsbrunnen.

# DIE PIAZZA DELLA SIGNORIA

*Sie gehört zu den schönsten Plätzen Italiens und erstreckt sich eindrucksvoll über eine weite rechteckige Fläche. Die Entstehung und Erweiterung des Platzes zwischen dem 13. und 14. Jh. geht auf den Abriß der Wohnhäuser der Familien Uberti, Foraboschi und der mehrerer Familien des ghibellinischen Florenz zurück. Der Platz wird von dem massiven Komplex des* ***Palazzo Vecchio*** *beherrscht, der sich auch an der Nord-Seite des Platzes fortsetzt. Rechts des Palasts befindet sich die wunderschöne* ***Loggia dei Lanzi****, ein spätgotischer Bau von Benci di Cione und Simone Talenti (1376-82). Sie ist berühmt wegen einer Reihe von Skulpturen, darunter der berühmte* ***Perseus*** *von Cellini und* ***Herkules und der Zentaur*** *von Giambologna. Links des Palasts erhebt sich der Brunnen* ***Fontana di Piazza*** *oder des* ***Neptun****, der zwischen 1563 und 1575 von Bartolomeo Ammannati und seinen Schülern geschaffen wurde. Wegen der enormen Größe der weißen Statue des Gottes der Meere, die inmitten eines großen Beckens auf einem Wagen steht, der von Seepferden gezogen wird, nennen die Florentiner diesen Brunnen «Biancone». Sehenswert sind auch die hübschen Bronze-Figuren am Rand des Brunnens. Daneben befindet sich das* ***Reiterstandbild Cosimos I****. von Giambologna. Der Platz wird von einer Reihe alter, schlichter Paläste umgeben.*

*DIE LOGGIA DEI LANZI*
*Die Loggia della Signoria, die Loggia des Orcagna genannt wird (der Entwurf soll von diesem Künstler stammen) oder Loggia dei Lanzi (in Erinnerung an die Schweizer Garde Cosimos I.), wurde von Benci di Cione und Simone Talenti (1376-1391) für die öffentlichen Versammlungen der Signoria erbaut. Sie besteht aus großen Rundbögen auf Säulen verschiedenen Stils. Die leichte Eleganz des Bauwerks ist typisch spätgotisch. Die schönen Reliefs über den Pfeilern stellen die allegorischen Figuren der* Tugenden *dar, die zwischen 1384 und 1389 nach einem Entwurf von Agnolo Gaddi geschaffen wurden. An den Seiten der Treppe sitzen links und rechts zwei Löwen: Der eine stammt aus der klassischen Kunst, der andere ist von Flaminio Vacca (1600). In der Loggia stehen bedeutende Skulpturen: Links der berühmte* Perseus *von Cellini (1553), rechts der* Raub der Sabinerinnen *von Giambologna (1583, heute in der Galleria dell'Accademia), in der Mitte* Herkules und der Zentaur, *ebenfalls von Giambologna (1599),* Ajax, der den Leichnam des Patroklos trägt, *eine wiederergänzte Skulpturengruppe der hellenistischen Schule und der* Raub der Polyxene *von Pio Fedi (1866). An der hinteren Wand stehen sechs antike* Frauenfiguren *aus römischer Zeit. An der rechten Wand sieht man eine lateinische Inschrift von 1750, die an die Ersetzung des florentinischen Kalenders (Anfang des Jahres 25. März) durch den damals üblichen Kalender erinnert.*

*PERSEUS*
*Dieses herrliche, berühmte Meisterwerk in Bronze von Benvenuto Cellini (1500-1571) wurde vom Künstler auf dem umhängenden Riemen des Helden signiert (1545-1554). Der Befreier von Andromeda wird dargestellt, kurz nachdem er das Haupt der Medusa abschlug. Sein Gesicht und sein ganzer Körper drücken das klassische Ideal der gebändigten Kraft aus; das Drama hat sich bereits abgespielt und die Bedeutsamkeit der Geste (der Fuß des Helden, der auf den Körper des Ungeheuers gesetzt ist) spricht von der Ausführung der Tat. Der Überlieferung nach müßte man in der verzweigten Ornamentik des geflügelten Helms von Perseus ein Selbstbildnis des Künstlers erkennen.*

Auf der Seite gegenüber: eine Außen- und eine Innenansicht der Loggia dei Lanzi; rechts: der Bronze-Perseus von Cellini.

*COSIMO I. DE' MEDICI*
*Großherzog der Toskana*
*Das Reiterstandbild auf dem Platz stellt Cosimo I. de' Medici dar und wurde 1594 von Giambologna geschaffen. Die große Ausgeglichenheit dieses Werks rührt von der getreuen Darstellung des stolzen Herrschers von Florenz und von der kraftvollen Ausstrahlung des Pferds her. Die Reliefs am Sockel zeigen Szenen aus dem Leben des ersten Großherzogs der Toskana: der* Einzug Cosimos I. in Siena; Pius V., der Cosimo die großherzoglichen Insignien verleiht und der Senat der Toskana, der Cosimo mit dem Titel des Großherzogs auszeichnet.
*Das Standbild befindet sich ganz in der Nähe des Palazzo Vecchio, den Cosimo I. 1537, gerade achtzehn Jahre alt, bezog, nachdem Alexander von Lorenzino de' Medici getötet worden war. Vor ihm hatten die Medici über viele Jahre die Geschicke der Stadt gelenkt, nachdem sie in den Auseinandersetzungen zwischen den Künstlergilden und dem Volk für letzteres Partei ergriffen.*

DER PALAZZO VECCHIO
*Sein Bau wurde 1294 begonnen; er war als Palast-Festung für die Residenz der Prioren bestimmt und von Arnolfo di Cambio als ein großer rechteckiger, in der Höhe von einer Reihe von Zinnen geschlossener Block entworfen. Der Palast fällt durch das kraftvolle Emporstreben seines Turms von 1310 auf (94 m Höhe), der einen Söller besitzt. Die Mauerverkleidung besteht aus grob behauenem Bossenwerk aus Pietra Forte; sie gibt dem großen Bauwerk, das in drei Geschosse aufgeteilt ist und mit Zwillingsfenstern zwischen Rundbögen geschmückt ist, ein strenges, beeindruckendes Aussehen. Der Kern des Bauwerkes von Arnolfo erfuhr zwischen 1343 und 1592 verschiedene Umbauten und Erweiterungen sowohl außen als auch innen (Cronaca, Vasari, Buontalenti waren hier tätig). Unter den kleinen Bögen des Söllers fallen die Fresken mit den neun kommunalen* Wappen *der Stadt ins Auge. Die Uhr besitzt einen Mechanismus von 1667. An den beiden Seiten der Tür erheben sich zwei kettenhaltende Statuen aus Marmor, und über ihnen befindet sich die von Cosimo I. 1551 gewollte Inschrift. In der Nähe der linken vorderen Ecke des Palastes steht der* Neptuns-Brunnen, *ein großartiges Werk von Ammannati.*

Links: das Reiterdenkmal von Cosimo I. dei Medici; gegenüber: der gewaltige Palazzo Vecchio.

Gegenüber, oben: der Eingang zum Palazzo Vecchio mit der Statuengruppe mit Herkules und Cacus; unten, links: der Hof des Michelozzo mit der Putte des Verrocchio und rechts: die Kopie des David von Michelangelo. Oben: der asymmetrische Saal der Fünfhundert, der mit Gemälden und Skulpturen reicht verziert ist.

## *DER PALAZZO VECCHIO FASSADE*

*Vor dem Palazzo Vecchio stehen mehrere Statuen, darunter eine Kopie des* Davids *von Michelangelo, die hier 1873 an Stelle des Originals aufgestellt wurde und die Statuen von* Herkules und Kakus *von Bandinelli. An der Fassade, oberhalb des Portals, befindet sich ein Medaillon mit dem Monogramm Christi, mit zwei Löwen auf blauem Grund an den Seiten; das Ganze ist mit einem gerahmten Giebelfeld versehen. Die Inschrift «* Rex regnum et Dominus dominatium *» wurde 1551 auf Betreiben Cosimos I. an Stelle eines früheren Epigraphs angebracht, das hier dreißig Jahre lang seinen Platz hatte.*

## *DER PALAZZO VECCHIO INNEN I.*

*Wir überqueren den **Hof des Michelozzo** mit seinen goldverstuckten Säulen und dem* Brunnen mit putto *von Verrocchio in der Mitte und steigen über die breite Treppe von Vasari in den großartigen **Saal der Füfhundert** hinauf, in das **Studierzimmer von Francesco I.**, ein Entwurf des Vasari, daś reich ist an* Gemälden *des Bronzino, Santi di Tito, Stradano und an Statuen aus Bronze von Giambologna und Ammanati. Vom Saal der Fünfhundert aus gelangt man in die **Quartieri Monumentali**; sie bestehen aus zahlreichen Sälen, die reich sind an Gemälden und Fresken; unter ihnen befinden sich auch der Saal **Leos X.** (heute steht dieser Saal dem Bürgermeister und den Stadträten zur Verfügung); der **Saal von Clemens VII**. mit dem berühmten Fresko von Vasari mit der* Belagerung von Florenz, *das uns eine minuziöse Ansicht der Stadt im 16. Jahrhundert zeigt; der **Saal von Giovanni dalle Bande Nere**; die **Säle von Cosimo dem Alten, Lorenzo il Magnifico** und **Cosimo I**.*

## *DER SAAL DER FÜNFHUNDERT*

*Der Saal der Fünfhundert, der für die großen Ratsversammlungen des Volkes nach der Vertreibung der Medici eingerichtet wurde, ist ein Werk des Cronaca; seine Dekorationen dagegen verdankt der Saal Vasari. Die allegorischen Gemälde der Decke und der Wände stellen die* triumphale Rückkehr des Großherzogs Cosimo I. nach Florenz *dar, sie zeigen die Besitztümer des Herzogtums der Medici und die* Geschichten der Eroberung Pisas und Sienas. *Zwischen den Marmorgruppen an der rechten Wand zieht der* Sieg des Genius *von Michelangelo die Aufmerksamkeit auf sich.*

Auf der Seite gegenüber, oben links: die Putte, die die Rohe Kraft des Michelangelo besiegt; rechts: Herkules und Diomedes von Vincenzo de' Rossi; unten: das Fresko mit der Belagerung von Florenz von Vasari im Saal Clemens VII.

Oben links: die Kassettendecke des Saals der Fünfhundert; rechts: das Studiolo di Francesco I.; unten: das Gemälde mit Giovanni dei Medici, der der Stadt Ravenna beisteht, ein Werk des Vasari im Saal Leos X.

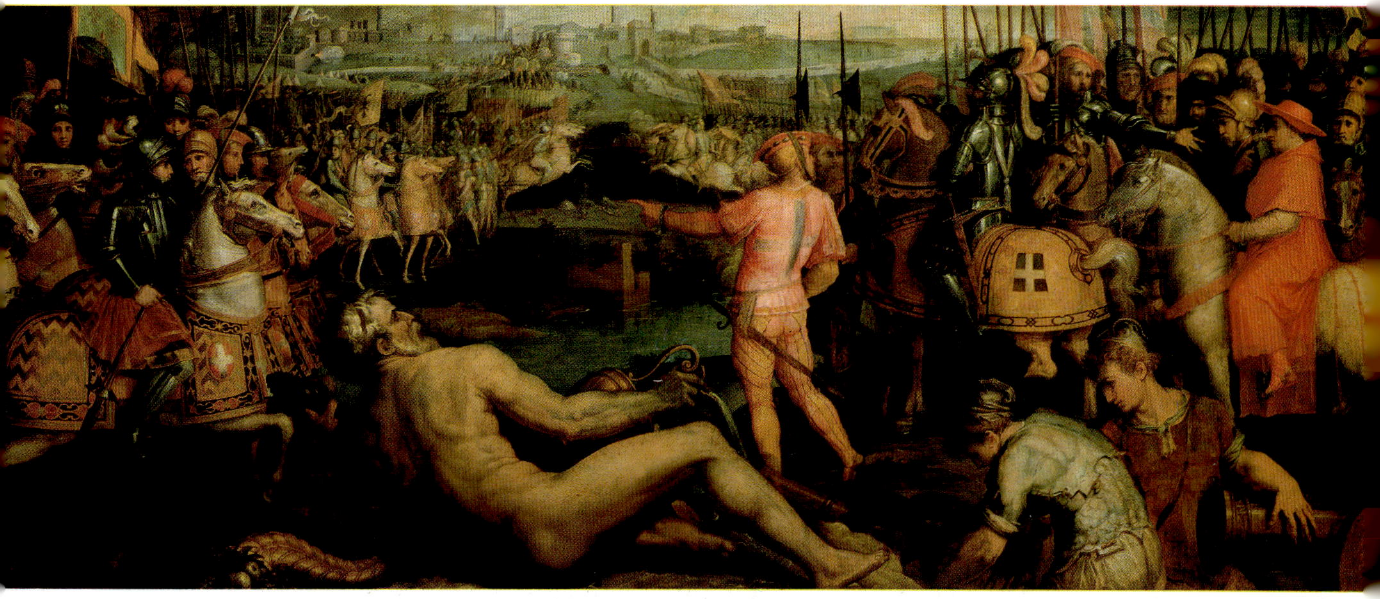

Das Original der Putte mit dem Fisch von Verrocchio.

Der Grüne Saal in den Gemächern der Eleonora di Toledo.

Unten links: die Kapelle der Prioren; rechts: das Judith von Donatello.

SALA DEI GIGLI

Unter den monumentalen Räumen ist außer dem **Quartiere di Eleonora di Toledo** von Vasari und der **Sala dell'Udienza** besonders die **Sala dei Gigli** (Liliensaal) sehenswert, die ihren Namen durch die goldenen Liliendekorationen auf blauem Feld erhielt (die Decke stammt von Giuliano da Maiano und Francione). Äußerst kostbar ist das Marmorportal, das in die Sala dell'Udienza führt. An der rechten Wand befindet sich ein großes Fresko von Domenico Ghirlandaio.

JUDITH: EIN RESTAURIERTES KUNSTWERK

Das größte Meisterwerk Donatellos, die Judith, jahrhundertelang Zierde der Piazza della Signoria, wurde vom Opificio delle Pietre Dure hervorragend restauriert. Die Bronzeskulptur wurde 1980 von ihrem ursprünglichen Standort entfernt und war bis 1986 im Audienzsaal des Palazzo Vecchio untergebracht. Nach vollendeter Restaurierung kann die Plastik, deren meisterliche Formen wieder in altem Glanz erstrahlen, heute wieder öffentlich bewundert werden. Sie steht, gut geschützt, im großen Liliensaal des Palastes.

Oben: die Sala dei Gigli und rechts: das Judith von Donatello.

Gegenüber, oben: der mit Intarsien geschmückte Schrank, der in den Monumentalen Gemächern aufbewahrt wird; unten: der Saal mit der Sammlung der « wiedergefundenen Kunstschätze », der Skulpturen aus klassischer Zeit enthält.

Rechts: Leda mit dem Schwan, die der Schule des Leonardo da Vinci zugeschrieben wird.

*SAMMLUNG DER « WIEDERGEFUNDENEN KUNSTSCHÄTZE »*
*Diese Sammlung, die in den Sälen des Palazzo Vecchio untergebracht ist, hat ihren Ursprung in den Bestrebungen Rodolfo Sivieros, dem ehemaligen Minister für die Wiederbeschaffung entwendeter Kunstwerke, und konnte nur dank seiner jahrelangen Nachforschungen entstehen. Hier werden Werke ausgestellt, die im Verlauf des Zweiten Weltkriegs aus Italien verschwanden und über verschiedene Länder verstreut wurden. Die Ausstellung ist chronologisch geordnet: Sie beginnt mit römischen Skulpturen und Reliefs, führt weiter zu zahlreichen Gemälden, darunter auch die Leda mit dem Schwan, die anfangs Leonardo da Vinci zugeschrieben wurde, bis hin zu Werken von Masaccio, Bronzino, Rubens und vielen anderen.*

Oben: der Bargello-Palast. Unten: eine Ansicht der Piazza S. Firenze. Gegenüber: zwei Bilder des Hofes mit der Loggia des Bargello-Palastes.

*DER BARGELLO-PALAST*
*Der Palazzo del Bargello hat die Eigenschaften einer kleinen Festung und besitzt einen mächtigen Zinnenkranz (die* ***Volognana****), der die strenge Fassade überragt und beherrscht. Der Palast wurde 1255 als Sitz des Capitano del Popolo errichtet; es wohnten dann der Bürgermeister und der Gerichtsrat hier. Von 1574 wohnte hier der Bargello (der Capitano di Giustizia, oder Polizeihauptmann). Der Palast wird außen durch Gesimse gegliedert und besitzt unten Fenster mit Architrav, während er oben Zwillingsfenster oder einfache Fenster aufweist; ganz oben sieht man einen Zinnenkranz auf kleinen Bögen und Konsolen. Innen gibt es einen* ***Hof*** *mit Portikus auf drei Seiten, mit Pfeilern und Arkaden. Von hier aus führt eine malerische* ***Freitreppe****, ein Werk des 14. Jahrhunderts von Neri di Fioravante, zur oberen* ***Loggia****, die von Tone di Giovanni (1319) stammt. Die Wände des Hofes sind mit Dutzenden von Wappen der Bürgermeister und der Richter versehen. Seit 1859 ist der Palast Sitz des* ***Museo Nazionale*** *(eins der bedeutendsten der Welt) und enthält Renaissanceskulpturen und kleinere Kunstwerke aus verschiedenen Epochen.*

Oben: der Saal im unteren Geschoß des Bargello-Palastes mit der Sammlung von Skulpturen aus der Renaissance; links: die Büste Cosimos I. von Cellini. Gegenüber, oben: Leda mit dem Schwan von Ammannati; unten links: eine Marmorbüste Cosimos I. von Baccio Bandinelli und rechts: der Brutus von Michelangelo.

*DAS NATIONALE BARGELLO-MUSEUM*

*Der riesige* ***Eingangssaal*** *mit Pfeilern und starken Gewölben zeigt Ausschmückungen mit Wappen an den Wänden mit den Waffen der Stadtvogte (13.-14. Jh.). Hier finden wir einige Zeugnisse der antiken Waffensammlung der Medici: die* Kanone des Hl. Paulus *(1638), die* « des Falken » genannte Kanone *(1620), die mächtige* Rüstung Karls V. *mit den Figuren des « Überflusses » und des Neptun, die auf dem Schild dargestellt werden und andere interessante Ausstellungsstücke.*
*Von hier gelangt man in den* ***Hof****, der sich wie ein Bühnenbild öffnet und sich als unregelmäßig und ursprünglich erweist. Dort befinden sich die Wappen vieler Podestà und, unter dem Laubengang, die malerischen Wappen der Stadtviertel und Stadtsechstel, in die die Stadt einst eingeteilt war. An den Wänden stehen* einige Statuen *aus dem 16. Jahrhundert von Bandinelli, Ammannati, Giambologna und Danti.*
*Vom Hof aus erreicht man einen* ***Saal****, in dem interessante Skulpturen aus dem 14. Jahrhundert aufbewahrt werden, darunter die* Madonna mit Kind und dem Engel *von Tino di Camaino, eine vertiefte* Madonna mit Kind *venezianischer Kunst, ein* Sockel eines Weihwasserbeckens *von Nicola Pisano und eine* Madonna umgeben von den Heiligen Petrus, Paulus und Johannes. *In dem Saal neben der unüberdachten Treppe befinden sich bedeutende Werke Michelangelos: der* Bacchus *(1496), ein Jugendwerk, so weich und gleichzeitig kräftig in den Formen, das* Tondo Pitti, *mit der Muttergottes, die dem*

COS·MED·
FLOR·DVX

Oben: links: das Tondo Pitti von Michelangelo; rechts: die Büste Michelangelos, ein Werk des Daniele da Volterra. Unten links: der David-Apollo von Michelangelo. Gegenüber, oben links: der Bacchus von Sansovino, der im Wettbewerb mit dem Bacchus des Michelangelo (rechts) geschaffen wurde. Unten links: der Entwurf des Perseus von Cellini und rechts: der Merkur von Giambologna.

*Kind und dem Johannesknaben das Lesen beibringt (1504),* der David *oder Apollo (1530) und der* Brutus *(1540). Um diese herum bemerkt man dann Werke von Ammannati, Giambologna (unter anderem der* Merkur *von 1544) Tribolo, Danti, Francavilla und Sansovino, der seinen* Bacchus *im Wettstreit mit Michelangelo ausführte. In demselben Raum wird die* Büste Cosimos I. *aufbewahrt, ein Werk aus Bronze von Cellini, das für den Hafen von Portoferraio auf Elba bestimmt war und von dort im Jahre 1781 zurückkehrte.*
*Über die unüberdachte Treppe gelangt man in die Loggia, die mit zahlreichen Werken von Künstlern des 16. Jahrhunderts ausgeschmückt ist.*
*Der erste Raum rechts, einst der Saal des Generalrats, ist heute der* **Saal Donatellos***, von dem hier zahlreiche Werke aufbewahrt werden, und zwar der* Hl. Georg *(1416), von geballter Energie und für eine Nische Orsanmicheles bestimmt; der* Johannesknabe*, zart und geheimnisvoll, der* David *aus Marmor (1408) und der* David *aus Bronze, ersterer ein zarter Akt aus der Renaissance, ausgeführt um das Jahr 1430. Auch von Donatello stammen der* Marzocco*, nunmehr das Symbol der Stadt, und der* Amor-Attis *aus Bronze, von großer Lebendigkeit und klassischem Einfluß. In dem Saal befinden sich auch, abgesehen von Werken von Luca della Robbia, Ghiberti, Vecchietta und Agostino di Duccio, die Reliefs, die Ghiberti und Brunelleschi im Jahre 1402 im Wettbewerb zueinander schufen (es waren sechs Teilnehmer), um den Auftrag für*

Oben: das Innere der oberen Loggia des Bargello-Palastes; unten: die Madonna des Rosengartens von Luca della Robbia. Gegenüber oben: der Saal des Donatello und unten: eine Lünette von Luca della Robbia mit der Madonna, dem Kind und Engeln.

die zweite Tür des Florentiner Baptisteriums zu erhalten. Dem Werk Ghibertis gelingt es vollkommen, uns die Geschichte der Opferung Isaaks darzustellen, während das obgleich bewegte Relief Brunelleschis einen gewissen Sinn von Zusammenfügung verschiedener Teile beibehält.
Von diesem Saal aus kann man die Sammlungen der Handwerkskunst erreichen, die zum großen Teil aus der Schenkung der Sammlung Carrand stammen. Der große **Saal des Podestà** hingegen bewahrt Goldschmiede— und Emailarbeiten vom Mittelalter bis zum 16. Jahrhundert und Siegel und verschiedene Gegenstände aus Metall auf. In der danebenliegenden **Cappella del Podestà**, wo die zum Tode Verurteilten ihre letzten Stunden verbrachten, kann man die Fresken Giottos mit dem Paradies, der Hölle und den Szenen aus dem Leben Heiliger bewundern.
Das Geschoß wird vervollständigt durch den Saal der Elfenbeinarbeiten, mit seltenen Schnitzereien aus der Antike, durch den der **Goldschmiedearbeiten**, mit zahlreichen Werken sakraler Kunst, und den **Saal** der **Majoliken** Das zweite Geschoß des Bargello beherbergt Säle, die großen Künstler gewidmet sind; der erste wird **Saal** des **Giovanni della Robbia** genannt und beinhaltet zahlreiche plastische Werke des Meisters, darunter die Predelle mit Jesus und Heiligen, den Hl. Domenikus, die Pietà und die Verkündigung. Der folgende **Saal** des **Andrea della Robbia** bewahrt die Madonna degli Architetti und andere Werke aus glasierter Terrakotta auf.

EGOSVMLVXMVND

Genenüber, links: der Bronze-David des Donatello und rechts: der Marmor-David, ebenfalls von Donatello. Gleich oben links: die Büste des Niccolò da Uzzano und rechts: der Marzocco, beide werke stammen von Donatello. Unten: zwei Tafeln, die im Wettbewerb um den Auftrag der Paradiestür des Baptisteriums hergestellt wurden: links die des Brunelleschi und rechts die des Ghiberti.

Oben: die Kapelle des Bürgermeisters mit Fresken von Giotto; daneben: ein Detail aus dem Fresko der hinteren Wand mit dem Bildnis von Dante Alighieri (in der Mitte des Bildes).

*DER DAVANZATI-PALAST*

*Dieser Palast wurde gegen 1330 errichtet und weist unten eine Bossenquaderung aus Pietra Forte auf; in den oberen Geschossen wird die Mauerverkleidung glatter, und es gibt Fenster mit dem typisch florentinischem Bogen mit runder Bogenlaibung. Oben sieht man die Terrasse aus dem 15. Jahrhundert mit Dachtraufe. Auf der rechten Seite befindet sich der charakteristische « Chiassolo ». Der Palast, der im 14. Jahrhundert den Davizzi gehörte und in der zweiten Hälfte des 16. Jahrhunderts den Davanzati, die ihn restaurierten, ist ein wunderbares Beispiel eines herrschaftlichen Wohnhauses des 14. Jahrhunderts. Heute ist er Sitz des* ***Museo della Casa Fiorentina****, einer interessanten Sammlung von Einrichtungs— und Möbelstücken des 15. und 16. Jahrhunderts.*

Rechts: der malerische Hof des Davanzati-Palastes; unten: eins der Zimmer mit Fresken und originalen Einrichtungsgegenständen, das zum Museum des Florentiner Hauses gehört.

# DER DOM

DOM

*Der Dom ist der Santa Maria del Fiore geweiht und ist das Ergebnis der Arbeit zahlreicher Künstler, die hier viele Jahrhunderte lang tätig waren. 1294 beauftragte die Korporation der Künste Arnolfo di Cambio mit dem Neubau einer Kathedrale als Ersatz für die schon vorher bestehende Kirche Santa Reparata. Die Bauarbeiten fanden sowohl außerhalb als auch innerhalb dieser Kirche statt, die über Jahrzehnte hinweg bis 1375 in Gebrauch war. Die Arbeiten am neuen Dom begannen am 8. September 1286 und zogen sich unter verschiedenen Baumeistern wie Giotto, Andrea Pisano und Francesco Talenti bis 1375 hin, bis zu dem Jahr also, als Santa Reparata abgerissen wurde und ein Teil der Konstruktion Arnolfos neu entworfen wurde. Auf den Bau der* ***Kuppel*** *mußte man bis 1420 warten, als Brunelleschi den Wettbewerb um den Bau der enormen Struktur gewann. 1434 waren die Bauarbeiten beendet, und die Kirche wurde zwei Jahre später, 140 Jahre nach Beginn der Arbeiten, geweiht. Die* ***Laterne****, die 1445 begonnen worden war, wurde 1461 mit der vergoldeten Kugel vollendet. Die gotische Fassade stammt aus dem 19. Jahrhundert.*

DIE KUPPEL

*Sie ist ein Meisterwerk des Brunelleschi, der sie entwarf und zwischen 1420 und 1434 zur Ausführung brachte. Der große Künstler sah die Konstruktion der enormen Kuppel ohne Verwendung eines Lehrgerüstes vor und verwendete statt dessen miteinander verankerte Rippen und im Fischgratverband angeordnete Ziegelsteine; die Kuppel ist zweischalig mit Zwischenraum, sie wölbt sich ogival (der Tambour besitzt einen Durchmesser von 45.52 m und eine Höhe von 91 m) über dem hohen Tambour. Das Innere der Kuppel, das Brunelleschi ohne Dekorationen geplant hatte, wurde von Vasari und von Zuccari (1572-1579) mit Fresken ausgemalt. Im vorigen Jahrhundert und auch noch vor gar nicht langer Zeit hat man daran gedacht, zu dem reinen ursprünglichen Weiß zurückzukehren. Die ebenfalls von Brunelleschi entworfene* ***Laterne****, die die Form eines kleinen Tempels besitzt, verleiht dem Dom eine Gesamthöhe von 107 m.*

Gegenüber und oben: zwei Ansichten des Domes und der Kuppel des Brunelleschi.

Links: der Campanile von Giotto, der den Entwurf für diesen Turm und teilweise auch einen Teil des Bauwerkes schuf. Gegenüber: die neogotische Fassade des Doms.

## DER CAMPANILE GIOTTOS

Am Glockenturm des Doms arbeiteten zwischen 1334 und 1359 der Baumeister Giotto (er machte den Entwurf), Andrea Pisano und Francesco Talenti. Der über 84 Meter hohe Turm mit seinem quadratischen Grundriß (14.45 Meter pro Seite) ist vollständig mit Sechseck— und Rhombenformen geschmückt (Werke von Andrea Pisano, Luca della Robbia, Alberto Arnoldi und ihrer Schule); auch Nischen mit Statuen und falsche Nischen zieren den Campanile. Die unteren Reliefs (heute Abdrücke) stellen das Leben des Menschen in der Schöpfung und die menschlichen Künste dar; die Reliefs des zweiten Geschosses zeigen die Planeten, die Tugenden, die freien Künste und die Sakramente. Die Statuen (die Originale befinden sich im **Museum des Domschatzes**) stellen die Propheten, die Sibyllen und den Täufer dar.

## DOM
## FASSADE

1857 wurde die unvollendete Fassade des Doms von Arnolfo di Cambio abgerissen. Von diesem Augenblick an folgten fast drei Jahrhunderte lang Entwürfe und Wettbewerbe für die neue Front der Kathedrale. Schließlich wurde 1871 das Projekt des Architekten Emilio de Fabris angenommen (das Werk wurde 1887 abgeschlossen). Diese Fassade im historistischen Geschmack jener Zeit wurde mit demselben Marmor gestaltet, der auch für den übrigen Bau des Doms verwendet wurde; es handelt sich um den weißen Marmor aus Carrara, den grünen aus Prato und den roten aus der Maremma. Über den drei Portalen mit Szenen aus dem Leben der Maria befinden sich ebensoviele Lünetten mit, von links, der Barmherzigkeit, der Madonna mit den Schutzpatronen und dem Glauben; der Giebel des mittleren Eingangs trägt eine Madonna in Glorie. Zwischen den seitlichen Fensterrosen und der zentralen Rose gibt es einen Fries mit den Statuen der Apostel und Maria, oben befindet sich außer einer Reihe Künstlerbüsten das Basrelief des Ewigen Vaters.

Oben: der Innenraum des Florentiner Doms; unten: die Büste von Filippo Brunelleschi. Gegenüber, oben: das Tafelbild des Domenico di Michelino mit Dante; unten links: das Reiterstandbild des Niccolò da Tolentino und rechts: das des Giovanni Acuto.

*DOM*
*INNENRAUM*

*Gemäß den Geboten der italienischen Gotik weist der Dom eine starke vertikale und horizontale Raumgestaltung auf (der Dom ist die viertgrößte Kirche der Welt: Er ist 153 Meter lang, in den Kirchenschiffen 38 Meter und im Querhaus 90 Meter breit). Die Kirchenschiffe werden durch Pfeiler mit Lisenen unterteilt, die große, gemäßigte Spitzbögen und ogivale Kreuzrippengewölbe tragen. Oben gibt es ein als Laufgang ausgebildetes Konsolgesims, hinten sieht man den* Hauptaltar *von Baccio Bandinelli, um den sich die drei* **Apsiden** *oder Presbyterien gruppieren, von denen eine jede in fünf Räume unterteilt ist. Der* Fußboden *aus vielfarbigem Marmor (1526-1660) ist ein Werk von Baccio und Giuliano d'Angelo, Francesco da Sangallo und anderen. Im linken Schiff ziehen zwei Reiterdenkmale die Aufmerksamkeit auf sich. Sie waren*

QVI COELVM CECINIT MEDIVMQVE IMVMQVE TRIBVNAL LVSTRAVITQVE ANIMO CVNCTA POETA SVO DOCTVS ADEST DANTES SVA QVEM FLORENTIA SAEPE
SENSIT CONSILIIS AC PIETATE PATREM NIL POTVIT TANTO MORS SAEVA NOCERE POETAE QVEM VIVVM VIRTVS CARMEN IMAGO FACIT

IOANNES ACVTVS EQVES BRITANNICVS DVX AETATIS S
VAE CAVTISSIMVS ET REI MILITARIS PERITISSIMVS HABITVS EST
PAVLI VGIELLI OPVS

Oben: ein Teil der alten Kirche S. Reparata im unterirdischen Gewölbe des Doms; gegenüber, oben: das Grabmal des Filippo Brunelleschi und unten: die Überreste eines Freskos mit der Leidensgeschichte Christi.

*ursprünglich als Fresken gemalt und stellen* Giovanni Acuto *und* Niccolò da Tolentino *dar. Das erste aus dem Jahre 1436 stammt von Paolo Uccello; das zweite von 1456 von Andrea del Castagno (man beachte die entgegengesetzte plastische Gestaltung der beiden Söldnerführer: die Strenge des einen und die Vitalität des anderen). Von den zahlreichen anderen Werken erinnern wir an der Innenfassade an das* Fenster des *Ghiberti; an* das Grabmal des Antonio d'Orso *von Tino di Camaino (1321); die Lünette mit der gekrönten Maria von Gaddo Gaddi; im linken Kirchenschiff an die Ädikula mit Josua von Ciuffagni, Donatello und Nanni di Bartolo, die Büste* des Squarcialupi *von Maiano, die Gemälde mit den* Heiligen Cosma und Damiano *von Bicci di Lorenzo.*

*SANTA REPARATA*

*Die alte Kathedrale von Florenz war im 4. und 5. Jahrhundert auf den Überresten einer romanischen* Domus *gebaut worden. Sie hatte einen dreischiffigen Grundriß auf Säulen und eine einzige Apsis. Während der byzantinischen Kriege wurde die Kirche zerstört und dann im 7. und 9. Jahrhundert wieder aufgebaut. Obwohl er einen ähnlichen Umfang bewahrte, wurde der ganze Komplex durch zwei Seitenkapellen und die Ersetzung der Säulen durch Pfeiler mit Lisenen bereichert. Zwischen den Jahren 1000 und 1100 wurden im Bereich der Apsis eine Krypta und ein erhöhter Chor gebaut, während außen zwei Glockentürme in der Nähe der Apsis entstanden. Wie schon bekannt ist, wurde Santa Maria del Fiore auf Kosten dieser alten Kirche, die der jungen Heiligen, der Märtyrerin von Cesarea geweiht war, errichtet. Der neue Dom wurde rings um sie herum erbaut, und so wurde sie erst bei seiner völligen Fertigstellung 1375 zerstört. 1966 kamen bei Restaurationsarbeiten am Fußboden des Doms die Überreste der vorherigen Kathedrale zutage. Heute steigt man durch einen Eingang zwischen dem ersten und dem zweiten Pfeiler des rechten Kirchenschiffes des Doms in einen großen Raum hinab, der von dem Architekten Morozzi gestaltet wurde und in dem man die Überreste der* Fresken *bewundern kann, die die Kirche schmückten, die* Grabplatten *einiger Prälaten und einiger öffentlicher* Autoritäten *(darüber hinaus den* Grabstein, *der die* Grabstätte Brunelleschis *anzeigt) und* Teile des Mosaik-und Ziegelfußbodens.

PHILIPPI BRVNELLESCHI OSSA IN DEXTERA HVIVS
SACRAE AEDIS ALA VI NON IVL AD MCMLXXII
VNA CVM PRISTINO SEPVLCRI TITVLO REPERTA
HIC IN DIGNIOREM STATVM DILIGENTER RESTITVTA
AB ERMENEGILDO FLORIT S.R.E. CARD ARCHIEP FLOR
BENEDICTA POSTERITATIS CREDITA MEMORIAE
COLLECTA ADSERVANTVR

DAS BAPTISTERIUM
*Diese Taufkirche entstand im 4. und 5. Jahrhundert in der Nähe des Nord-Tors des römischen Florenz. Sie ist achteckig und besitzt eine halbkreisförmige, auf ein Podium mit Treppe erhöhte Apsis. Ihr heutiges Aussehen geht auf das 11. bis 13. Jahrhundert zurück: 1128 wurde das glatte, pyramidenförmige Dach vollendet, von 1150 stammt die* **Laterne** *mit Säulen, 1202 wurde das rechteckige Presbyterium fertiggestellt (die* « Scarsella »*). Außen weist das Baptisterium eine weiß-grüne Marmorinkrustation auf; jede Fläche wird von Lisenen in drei Teile geteilt, die sich unter einem Gebälk und Rundbögen mit Fenstern befinden. Besonders sehenswert sind die drei* Bronzetüren *und im Innenraum das* Kuppelmosaik.

PARADIESTÜR
*Das Baptisterium des Heiligen Johannes weist drei Bronzetüren auf: die* **südliche Tür** von Andrea Pisano *mit* Szenen aus dem Leben des Täufers *und* Allegorien der Tugenden; *die* **nördliche Tür** von Ghiberti *mit den* Szenen aus dem Neuen Testament, *den* Evangelisten *und den* Kirchenlehrern *und die* **östliche Tür** (oder Paradiestür). *Sie ist ein Meisterwerk des Ghiberti und gilt mit Recht als die berühmteste. Sie ist in zehn Tafeln unterteilt, die Szenen des* Alten Testaments *darstellen und wurde von der Zunft der Händler 1425 bei Ghiberti in Auftrag gegeben. Dank der perfekten Ausführung und der herrlichen Gestaltung verdient dieses Meisterwerk der Ziselierkunst den ihm von*

Gegenüber und auf dieser Seite: einige Ansichten des Baptisteriums S. Giovanni.

*Michelangelo verliehenen Namen « Paradiestür ». Kleine Figuren* biblischer Gestalten *und* Bildnisse von Künstlern *aus der Zeit des Ghiberti schmücken die Einrahmung der Tafeln.*

*BAPTISTERIUM: DIE PARADIESTÜR*

| | |
|---|---|
| Erschaffung Adams und Evas; Sündenfall; Vertreibung aus dem Paradies. | Die ersten Menschen bei der Arbeit; Das Opfer von Kain und Abel; Der Mord an Abel; Gott zieht Kain zur Rechenschaft. |
| Das Opfer Noahs und der Seinen nach Verlassen der Arche; Trunkenheit Noahs. | Erscheinung der Engel vor Abraham; Opferung Isaaks. |
| Geburt von Esau und Jakob; Verkauf des Ertgeburtsrechts; Isaak schickt Esau auf die Jagd; Esau auf der Jagd; Rebecca rät Jakob zur List; Täuschung Isaaks. | Josef wird and die Kaufleute verkauft; Entdeckung des goldenen Bechers in Benjamins Sack; Josef gibt sich seinen Brüdern zu erkennen. |
| Moses empfängt auf dem Berg Sinai die Gesetzestafeln. | Das Volk Israels im Jordanland; Die Einnahme von Jericho. |
| Schlacht gegen die Philister; Tötung Goliaths. | Salomon empfängt die Königin von Saba. |

*BAPTISTERIUM*
*DIE PARADIESTÜR*
*Die Paradiestür wird zur Zeit restauriert; was wir heute sehen, ist seine perfekte Kopie. Die hier veröffentlichten Fotos zeigen das Original in seinem alten Glanz, bevor Witterungs— und Umwelteinwirkungen es mit einer schwarzen Patina überzogen. Die heutige Tür erscheint wieder so strahlend wie nach ihrer Vollendung im Jahre 1425. In absehbarer Zeit wird auch diese Tür mit einer schawarzen Patina bedeckt sein, während das restaurierte Original im Museo dell'Opera del Duomo (Dommuseum) sicher aufbewahrt ist.*

Lorenzo Ghiberti un seine Sohn Vittorio.

Geschichten von Noah.

Schöpfung Adams.

Ermordung Abels.

Esau befiehlt auf die Jagt zu gehen. Die Goldene Tasse. Eine Sibylle und eine biblische Figur.

*BAPTISTERIUM*
*INNENRAUM*

*Das Innere des Baptisteriums ist besonders wegen der Zweiteilung seiner Wände auffallend: Der untere Teil wird durch Säulen gegliedert und der obere durch Pfeiler zwischen Biphoren. Die Wände sind mit geometrischen Marmoreinlagen versehen, die denen des Fußbodens nachempfunden sind. Von den hier ausgestellten Werken möchten wir das* Grabmahl des Gegenpapsts Johannes 23. *erwähnen, von Michelozzo und Donatello (letzterer schuf die liegende Statue), sowie zwei* römische Sarkophage *und* das Grab des Bischofs Ranieri. *Im* ***Gewölbe der Apsis****, oder "scarsella", sehen wir bedeutende* Mosaike *aus dem 13. Jh., die also aus derselben Zeit stammen wie die der großen Kuppel, die neben* Christus auf dem Thron *von Coppo di Giuseppe in sechs Bereiche unterteilt ist; von unten nach oben:* Szenen aus dem Leben des Täufers, dem Leben Christi, Josephs, die Genesis, die Himmelshierarchie mit Christus und den Seraphinen *und ganz oben einige schmückende Verzierungen.*

Gegenüber: die Südtür des Baptisteriums von Andrea Pisano mit den Szenen aus dem Leben des Täufers; oben: der Innenraum des Baptisteriums und rechts: das Grabmal des Gegenpapstes Johannes XXIII., das von Michelozzo und Donatello entworfen wurde.

Auf den beiden folgenden Seiten: links ein Teil der inneren Kuppel des Baptisteriums mit dem mit Mosaiken geschmückten Bogen der Apsis; rechts das Achteck der Kuppel, das vollkommen mit musivischen Ornamenten geschmückt ist.

Oben links: die Madonna mit Kind von Arnolfo di Cambio, zwischen S. Reparata, von demselben Künstler, und S. Zanobi von seinen Schülern, in Dom-Museum. Rechts: die Statue von Bonifaz VIII. von Arnolfo di Cambio

Auf der Seite gegenüber, oben: der Chor von Donatello; unten die Magdalene von Donatello zwischen zwei Propheten, die ihren Platz ursprünglich auf dem Campanile Giottos hatten; der linke, Habakuk, wird im Volksmund « Lo Zuccone » genannt.

## *DAS DOMMUSEUM*

*Über dem Eingang befindet sich die* Büste von Cosimo I. *von Bandini. Im Innern sehen wir romanische Skulpturen, Statuen und Überreste der alten Fassade des Doms und des Baptisteriums. Im Erdgeschoß werden die Statuen des* segnenden Bonifaz VIII., der Madonna mit Kind, *die der* Mariä Geburt *und die des* Heiligen Lukas *von Nanni di Banco ausgestellt. Es grenzt ein Saal mit* Büchern, *mit* Miniaturen versehenen Choralbüchern *und* Reliquienbehältnissen *an. Im ersten Geschoß befinden sich die* Sängertribüne *von Luca della Robbia (1431-1438) mit zehn Reliefs, in denen der Künstler sich durch den frohen* Psalm des König David *inspirieren ließ und die* Sängertribüne *von Donatello (1433-1439), der sich seinerseits in der strengen architektonischen Gliederung nach Vorbildern der klassischen Antike richtete. Diese beiden Meisterwerke in Marmor wurden 1686 gemäß einem Wunsche des Ferdinando dei Medici aus dem Dom hierhergebracht. Derselbe Saal enthält auch die Statuen, die einst den Glockenturm schmückten. Es sind die der* Propheten Habakuk, *genannt, « lo Zuccone »* und Jeremias, *Werke von Donatello, und die Statuen von* Abraham und Isaak *von Nanni di Bartolo. Im linken Saal befinden sich die* Original-Reliefs *des Campanile von Giotto, sie sind ihrer früheren Anordnung nach in zwei Reihen am Bauwerk angeordnet. Von der unteren Reihe, ein Werk des Andrea Pisano, ziehen besonders die berühmten Reliefs mit der* Erschaffung Adams, der Erschaffung Evas *und der* Feldarbeit *die Aufmerksamkeit auf sich; die Reliefs der oberen Reihe stammen aus der Schule des Pisano und Alberto Arnoldi und stellen die* Sakramente *dar. Im rechten Saal sieht man das schöne* Antependium von Johannes dem Täufer, *das zusammen von Michelozzo, Verrocchio, Antonio del Pollaiolo und Bernardo Cennini gestaltet wurde. An seinen beiden Seiten befinden sich die Statuen der* Mariä Verkündigung *und des* Erzengels Michael, *sie werden Jacopo della Quercia zugeschrieben. Hinten im Saal befindet sich der* Altar des Baptisteriums *aus Silber mit Vergoldungen und Emailware, ein herrliches Beispiel gotischer Goldschmiedekunst, das aber erst in der Renaissance fertiggestellt wurde. Von den anderen Gemälden und Skulpturen des Museums möchten wir außer auf die berühmte* Kreuzniederlegung *von Michelangelo auf das bedeutende Diptychon mit* Szenen aus dem Leben von Christus und der Madonna *aus der byzantinischen Schule Ende des 13. Jahrhunderts hinweisen und vor allem auch, wenn man die Treppen des Museums hinabsteigt, auf die* Magdalena *von Donatello, eine beeindruckende Holzstatue des großen Meisters. Die fieberhaft anmutende Ausführung in diesem Material läßt Realismus und bewegende Anteilnahme verschmelzen. Das Werk ist in die letzte florentinische Zeit Donatellos einzuordnen (seine Entstehung wird zwischen 1435 und 1455 angesetzt).*

Auf diesen beiden Seiten: die originalen Tafeln des Chors von Luca della Robbia, die sich im Dom-Museum befinden.

*DOMMUSEUM*
*SÄNGERTRIBÜNEN LUCA DELLA ROBBIAS UND DONATELLOS*

*Im **Saal der Sängertribünen** befinden sich die beiden Werke aus dem 15. Jh., nach denen dieser Raum benannt ist; ursprünglich standen sie im Dom unterhalb der Kuppel. Die **Sängertribune**, die **Donatello** 1433 bis 1439 schuf, besteht aus einem großen Parallelflach mit Balustrade, das von fünf Konsölchen getragen wird. Über die Vorderseite der Tribüne verläuft ein Streifen mit tanzenden Putten neben einer Art kleinen Säulengang mit Säulenpaaren. Sowohl das Band mit den Putten als auch die Verzierungen der Balustrade und des unteren Teils des Gebälks zeigen starke Einflüsse der klassischen und spätromanischen Kunst, die Donatello während seines*

*Aufenthalts in Rom studierte. Ganz anderer Art ist die* ***Sängertribüne Luca della Robbias*** *(1431-1438), die mit ihren ursprünglichen Bestandteilen und den Gipsabdrücken der zehn Formellen, deren Originale am Eingang des Saals zu sehen sind, wieder zusammengesetzt wurde. Auch wenn die Tribüne della Robbias in ihrer Konzeption der Donatellos gleicht, so ist sie doch das Ergebnis einer anderen, eher strengen Auffassung der romanischen Kunst. Die Frontseite ist massiver und weniger leicht als die Donatellos. Die Formellen zeigen Darstellungen des Tanzes, des Gesangs und der Musik, es sind Hochreliefs, die durch ausgekehlte Lisenen gegliedert werden, andere, ähnliche Formellen befinden sich zwischen den*

*vorspringenden Konsölchen. Zwischen den Reliefs sehen wir die Inschrift mit dem Psalm Davids 150, an dem sich diese Verzierung inspiriert. Auch dieses Kunstwerk wurde 1686 aus dem Dom entfernt, da man den Chor der Kathedrale anläßlich der Hochzeit Ferdinando de' Medicis vergrößern wollte.*

*PIETÀ VON MICHELANGELO*
*Bei der Figur in der Mitte dieses Kunstwerks im Dom nimmt man an, daß es sich um ein Selbstbildnis des Künstlers handelt. Michelangelo schuf dieses Werk zwischen 1550 und 1553 für seine eigene Kapelle in der Kirche S. Maria Maggiore in Rom. Es blieb bis 1722, als es im Dom aufgestellt wurde, in den unterirdischen Geschossen von S. Lorenzo. Die Pietà gehört zu den dramatischsten Skulpturen Michelangelos, vielleicht auch der malerischen Verwendung des Entwurfs wegen (das berühmte « nicht Vollendete » Michelangelos). Dem Schüler Tiberio Calcagni ist die Restaurierung des linken Arms des Christus und der Magdalenenfigur zu verdanken.*

Links: das Holzmodell eines Entwurfs für die Fassade des Doms; unten links: einige sechseckige und rautenförmige Tafeln, die vom Glockenturm des Giotto stammen; gegenüber: die Pietà von Michelangelo.

PIETA DI
MICHELANGIOLO

MARTINI

Die

*ORSANMICHELE*

*Diese Kirche war einst eine Loggia, die als Getreidemarkt diente (ein Bau des Arnolfo di Cambio von 1290). Sie wurde bei einem Brand 1304 zerstört und nach ihrem Wiederaufbau 1337 (ein Werk des Francesco Talenti, Neri di Fioravente und Neri di Cione) zwischen 1380 und 1404 als Kirche bestimmt. Das Bauwerk hat die Form eines großen Parallelepipedon (die Bögen der Loggia bilden die Basis), das durch eine spätgotische Marmordekoration geschmückt wird. Der obere Teil ist in Pietra Forte mit zwei Reihen von großen Zwillingsfenstern gestaltet. An den Außenflächen der Kirche öffnen sich Nischen und Tabernakel mit Statuen (berühmt sind die des* Heiligen Johannes des Täufers *von Ghiberti, 1414-16; des* Heiligen Thomas *von Verrocchio, 1464-83; die Statuen* der vier gekrönten Heiligen *von Nanni Banco, 1408 und die Kopie des* Heiligen Georg *von Donatello, 1416). Im Innenraum ist das grandiose* Tabernakel des Orcagna *(1355-59) in hochgotischem Stil zu sehen.*

Gegenüber: das quadratische Bauwerk, in dessen unterem Teil sich die Kirche Orsanmichele befindet; auf der Seite rechts: das Tabernakel des Orcagna und unten: der Innenraum der Kirche.

Gel
den
vor
flul
len
Jal
ver
der
Ge
*Pa*
un
wi
Ar
gin
für
13
die
**Ca**
M
Ku
Sig
Tü
Er
St
El
Gl
di
ele
ro
ge
G
er

seiner Allein - und Absolutherrschaft offiziellen Charakter zu verleihen, auch durch architektonische Werke und urbanistische Tätigkeiten, die deutlich dahin zielten, das Prestige des Staates zu mehren, wobei der Staat mit dem Herrscher identifiziert wurde. Es ändern sich auch die Beziehungen zu den Künstlern, die nun nicht mehr im Auftrag der Gemeinschaft arbeiten, sondern auf Befehl des absoluten Herrschers, dessen Wille der Künstler zu deuten hat. Daher sind die neuen architektonischen Meisterwerke, sowie die Änderungen im Stadtbild eng mit der «Kulturpolitik» des Großherzogs verbunden, dessen Hauptziel in der Bestätigung der Macht des Staates lag.

Im Jahre 1540 siedeln die Medici vom Palazzo in via Larga in den Palazzo della Signoria um, der erweitert und innen ausgebaut wird; weniger Jahre später (1550) siedelt auch der Hofstaat in den Palazzo Pitti um, der ebenfalls vergrößert und geändert wird. 1560 schließlich beginnt der Bau des mediceischen Gerichts-und Verwaltungsgebäudes, die «Uffizien», ein klares architektonisches Beispiel der neuen absolutistischen Staatsform. Die spätere Erbauung des sogenannten «Korridors des Vasari» zur Verbindung des Palazzo della Signoria mit dem Palazzo Pitti ist schließlich der letzte Schritt im Rahmen der Schaffung einer eigentlichen Regierungszone im Stadtinnern, zusammen mit der bevorstehenden funktionellen Abgrenzung des Stadtbildes.

Vasari war der Künstler, der besser als alle anderen die Absichten des Cosimo I. zu deuten verstand, für den er die neuen Gebäude (**Uffizien, «Korridor», Logge del Pesce** auf dem Mercato Vecchio) und eine Reihe von Umbauten durchführte (das Innere des Palazzo Vecchio und der Kirchen Santa Croce und Santa Maria Novella), um den Traum des Großherzogs zu verwirklichen, die Stadt zu ändern und zu verschönern, damit diese «zum Symbol der königlichen Macht und Größe des Staates werde». Seine architektonische Produktion inspiriert sich natürlich an Michelangelo, auch im Falle der glücklichen urbanistischen Lösung des großartigen Komplexes der Uffizien, wobei er einen langen und engen Platz vorsah, der von zwei strengen Gebäuden umgeben werden sollte und in dessen Hintergrund ein Triumphbogen direkt den Zutritt zum rechten Arnoufer ermöglichte.

Ein weiterer Architekt der großherzoglichen Fabbriche war Bartolommeo Ammannati, der 1560 beauftragt wurde, den **Palazzo Pitti** zu vergrößern und fertigzustellen. Das ursprüngliche Bauwerk des Brunelleschi wurde fast völlig zerstört und in seinen Proportionen verändert; im Hof jedoch schuf der Künstler sein wohl bedeutendstes Werk. Der auf drei Seiten vom Palast eingeschlossene und auf der vierten Seite von einem terrassenförmigen Parterre, das mit dem **Giardino di Boboli** in Verbindung steht, begrenzte Hof interpretiert das Rustika-Motiv der Fassade in einer neuen, originellen, bereits manieristischen Art. Im Hintergrund, fast als szenographischer Abschluß, öffnet sich in seiner Fülle der höher liegende Garten, der 1550 von Tribolo begonnen, von Ammannati fortgesetzt und schließlich von Buontalenti, Parigi u.a. fertiggestellt wurde. In diesen Jahren wirkte der Künstler an der Vollendung der Piazza della Signoria mit und schuf den monumentalen *Neptunbrunnen* mit Hilfe des Giambologna. Zwischen 1567 und 1570 schuf er sein wichtigstes Werk, den **Ponte a Santa Trinità**, der die von der Überschwemmung des Arno im Jahre 1557 völlig zerstörte mittelalterliche Brücke ersetzte. Die neue Brücke «ein Wunderwerk der Technik und des Stils zugleich», besteht aus drei eleganten, polyzentrischen Bögen, durch die spezielle «Kettenlinie» verbunden, die die Dicke der Übergänge auf ein Minimum reduziert. Unter den weiteren Bauwerken aus der Zeit des Cosimo I. sind die **Logge del Mercato Nuovo** (1547-1551) erwähnenswert, ein elegantes Werk des Giovan Battista Del Tasso, sowie der Ausbau der Verteidigungsstrukturen der Stadt, im Zuge dessen ein Großteil der Türme teilweise abgetragen wurde, zum Bau von Bollwerken und zur Erweiterung der Festungen, mit denen Michelangelo während der Belagerung im Jahre 1529 den Hügel von San Miniato umgeben hatte. Zahlreich sind auch die städtischen Neugestaltungen, mit denen bestimmte Gebiete in den Vordergrund gehoben wurden: z.B. die Säulen, die den Plätzen San Marco, Santa Trinita und San Felice errichtet wurden (heute sind nur mehr die Säulen der Piazza Santa Trinita erhalten); oder die Monumente, die Tabernakel, die Brunnen oder auch nur die Wappen oder die Büsten an den Gebäuden, zu Ehren des Großherzogs. Die Präsenz dieser Elemente ist von großer Bedeutung und weist auf die Durchsetzung einer Rangordnung der städtischen Wege und Straßen hin, die zur Erneuerung einiger Straßen der Stadt führt (via Maggio. via dei Servi, via Tornabuoni, Borgo degli Albizi, via Santo Spirito, via dei Ginori), die zu den wichtigsten Verbindungßtraßen im Stadtbild des XVI. Jahrhunderts wurden.

Weniger lebhaft gestaltete sich der Kirchenbau im Cinquecento: im Laufe des gesamten Jahrhunderts konzentrierte sich die Bautätigkeit auf die Vervollständigung bereits bestehender Gebäude (wie die Kirche *Santo Spirito*, die durch zwei Kreuzgänge des Parigi und des Ammanati ergänzt wurde), bzw. deren Erneuerung (*Santa Croce* und *Santa Maria Novella*, aber auch *Santa Maria Maggiore, Santa Trinita, San Marco, il Carmine, Ognissanti, San Michele in Visdomini*, usw.). Neubauten waren selten und wiesen außerdem beschränkte Ausmaße auf: siehe **San Giovannino dei Cavalieri**, die von Ammanati 1579 begonnen und von Parigi vollendet wurde; die Kirche **Sant'Agata** des Alessandro Allori (1592-1593), die sogenannte Kirche der **Pretoni** des Balducci und die kleinen Kirchen **San Niccolò del Ceppo** des Giambologna (1561-1563) und **San Tommaso d'Aquino** des Santi di Tito (1568). Emsig und intensiv war hingegen die Bautätigkeit im Bereich der Herrensitze. Neben den sogenannten «städtischen Villen» (*Pitti, Casino Mediceo*) wurden neue Paläste von dem neuen Stand der Funktionäre und Bürokraten der Regierung erbaut. Diese architektonischen Werke bleiben zum Großteil der Tradition treu, und kennzeichnend sind die Paläste von nüchterner und strenger Eleganz von Künstlern wie: Ammannati (**Palazzo Giugni** in via degli Alfani; **Palazzo Ramirez de Montalvo** in Borgo degli Albizi mit Graffiti des Poccetti an der Fassade; **Palazzo Grifoni** in piazza Santissima Annunziata), Giovanni Dosio (**Palazzina Giacomini-Larderel** in via Tornabuoni und **Palazzo dell'Arcivescovado**), Santi di Tito (**Palazzo Dardinelli** in via Cavour), Baccio d'Agnolo (**Palazzo Taddei** in via Ginori; **Palazzo Cocchi** in piazza Santa Croce; **Palazzo Ciaini** in via dei Servi). Insbesondere der letztere Künstler entwickelte einen vereinfachten Herrensitz mit einer Loggia über dem Dach, wobei die Rustika-Verkleidung im wesentlichen durch Putz ersetzt wurde. Diese Konzeption ist auch in Zukunft bedeutend, wie zahlreiche Paläste aus dem